MARKUS HEDERER

Laufen

statt Diät

THEORIE

PRAXIS

WORKOUTS FÜR EINE TOLLE FIGUR 73

ZIELGERADE ZUR TRAUMFIGUR ... 97

SERVICE

DER AUTOR

Markus Hederer, geboren 1961, ist Sportwissenschaftler und als freier Autor mit Schwerpunkt auf Sport- und Fitnessthemen tätig. In seiner Freizeit ist er begeisterter Läufer, daneben auch in vielen anderen Sportarten – wie Volleyball, Krafttraining und Radfahren – aktiv. Seit Jahren setzt er sich leidenschaftlich mit den positiven Wirkungen des Ausdauertrainings auseinander und räumt ihm in seinem persönlichen Fitnessprogramm einen gebührenden Platz ein.

EIN WORT ZUVOR

»Ich möchte so gern ein paar Kilos loswerden!« Dann laufen Sie ihnen doch einfach davon! Verbrauchen Sie durch Bewegung Energie, die Ihr Organismus aus seinen Problemzonen herbeischaffen muss – denn dort baut er Fett ab, um es in den Muskeln zu verbrennen. Und steigern Sie die Wirkung Ihres Lauftrainings mit der richtigen Ernährung: Sie liefert dem Organismus gute Kohlenhydrate, lebenswichtige Fette, unverzichtbares Eiweiß und genügend Vitamine, Mineralstoffe und Spurenelemente. Mit der richtigen Kombination werden Sie dauerhaft abnehmen.

Laufen und gesundes Essen führen gemeinsam zum Wunschgewicht. Sie sind wie die beiden Stränge eines Gleises – auf nur einer Schiene kämen Sie nicht ans Ziel.

Beim Laufen zum Abnehmen geht es aber nicht nur um das gute Aussehen und die tolle Figur allein. Übergewicht birgt viele gesundheitliche Risiken in sich, vor allem für das Herz-Kreislauf-System und den Stoffwechsel. Diesen Gefahren laufen Sie nicht nur aus dem Weg, sondern Sie fühlen sich darüber hinaus wohler in Ihrer Haut, Sie werden gesünder, leistungsfähiger und insgesamt ein fröhlicher und ausgeglichener Mensch.

Sorgen Sie zudem für den Aufbau und die Pflege Ihres größten Organs: der Muskulatur. Kräftige Muskeln verheizen viel Fett, stützen und schützen Bänder, Sehnen und Gelenke – und geben dem Körper noch attraktivere Formen.

Dieses Buch will Sie auf dem Weg zu neuer Vitalität unterstützen. Mit dem nötigen Wissen über Laufen, Muskeltraining und Ernährung, mit vielen praktischen Tipps für verschiedene Könnensstufen und einer Menge positiver Erfahrung bietet es eine gute Grundlage für den Start und ist ein kompetenter Begleiter auf Ihrem Weg zum Idealgewicht. Viel Freude und gutes Gelingen mit jedem Schritt wünscht Ihnen Ihr

Markus Hederer

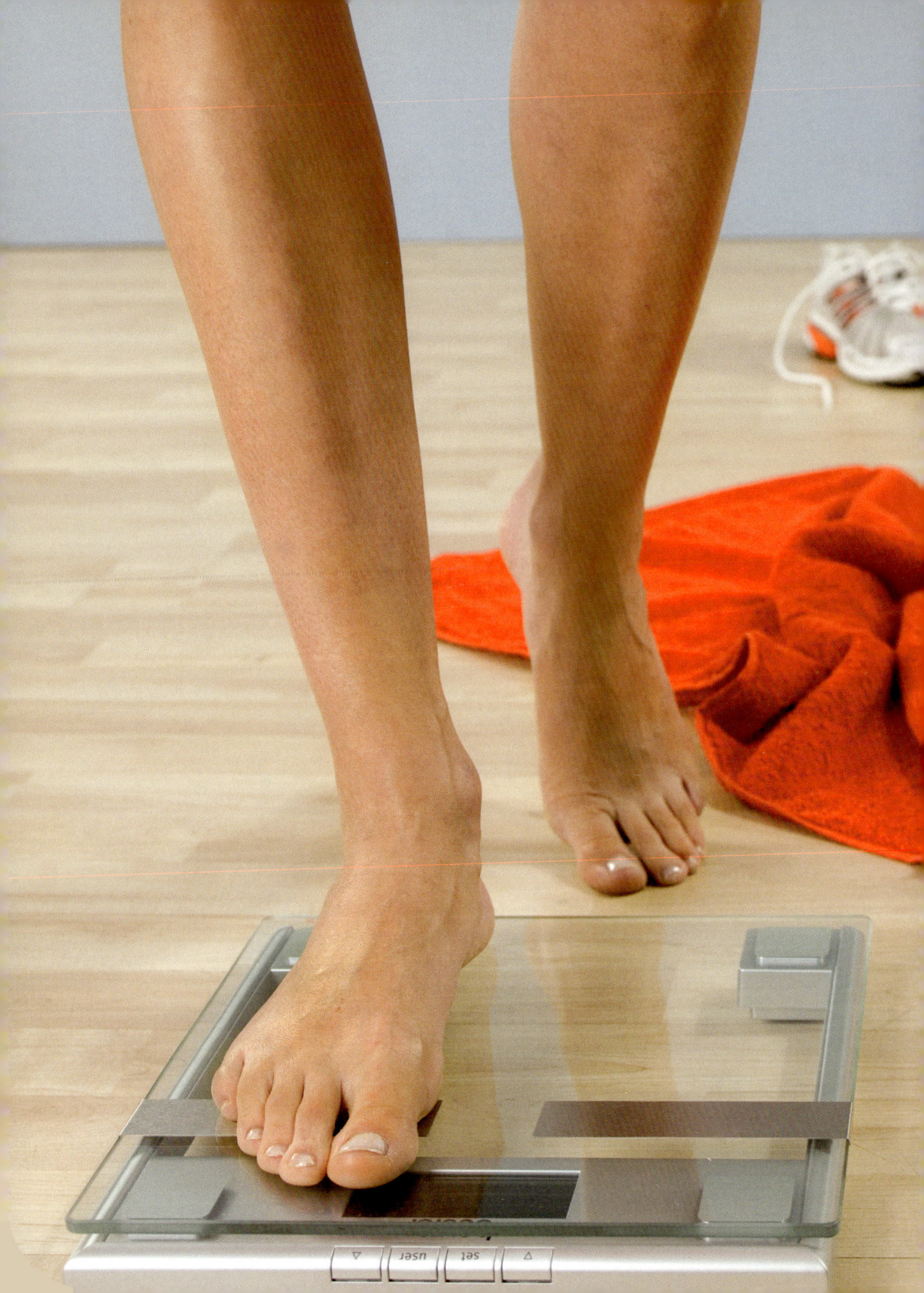
user
set

LAUFEN SIE SICH SCHLANK!

... ohne Keuchen, Schwitzen, Fasten. Sie können es leicht und locker angehen, lassen Enzyme die Fettzellen leeren und sind zufrieden, voller Elan und Vitalität.

Zurück zur Figur

»**Einst haben die Kerls** auf den Bäumen gehockt ...« So beginnt Erich Kästners Gedicht »Die Entwicklung der Menschheit« in Anspielung auf die Abstammung des Menschen. Doch gewiss sind die Kerls nicht nur untätig herumgehockt – mussten sie doch ständig ihrer Nahrung hinterherlaufen und vor Gefahren fliehen. Als vor etwa 100 000 Jahren Homo sapiens, der Mensch, auf den Plan trat, war auch seine größte Sorge: Wie bekomme ich genügend zu essen, damit ich am Leben bleibe? Nach der erjagten oder gesammelten Mahlzeit gab er sich dem Müßiggang hin, um möglichst wenig der mit viel Aufwand erworbenen Energie zu vergeuden. Erst der aufkommende Hunger trieb ihn zum Jagen und Sammeln wieder aus seiner Behausung. Übergewicht? So etwas kannten unsere Vorfahren nicht.

Warum wir Pölsterchen ansetzen

Normalgewichtige sind in Deutschland heute in der Minderheit – Tendenz weiter fallend. 67 Prozent der Männer und 52 Prozent der Frauen tragen zu viele Pfunde mit sich herum. Die Zahl übergewichtiger Kinder und Jugendlicher hat sich in den vergangenen 20 Jahren nahezu verdoppelt. Zusammen mit Rauchen und Bewegungsmangel gehört Übergewicht zu den drei Hauptfaktoren, die den Alterungsprozess beschleunigen und die Lebensqualität und die Lebenserwartung nachhaltig einschränken.

Es liegt in den Genen

Der Mensch heute genießt, soweit er es sich leisten kann, die Errungenschaften der modernen Zivilisation: Er fährt oder lässt sich fahren, er sitzt, mehr oder weniger bequem, er hängt auf dem Sofa vor dem Fernseher ab. Und er wählt nach Lust und Laune aus einem Überangebot an Nahrungsmitteln – meistens das Falsche. Sein heute immer noch gültiges genetisches Programm allerdings ist ursprünglich für die Zeit des ersten Menschen geschrieben, für Laufen, Jagen und Sammeln. Damals aß der Mensch mageres Fleisch von Wildtieren, die er auf der Jagd erlegte. Hatte er jedoch kein Glück beim Jagen, so musste das auch kein Schaden sein. Die Früchte von Bäumen und Sträuchern boten ihm reichlich Nährstoffe, mit denen es sich in fleischlosen Zeiten bestens auskommen ließ.

Fett für die Depots

In Sprache übersetzt bedeutet das genetische Programm des Menschen: »Nähre dich redlich, verschwende keine Kalorie nutzlos.« Dieses Programm läuft heute noch. Nur: Früher musste der Mensch auf die Jagd gehen und dabei größere Strecken, meist

RISIKO ÜBERGEWICHT

Wer zu viel Körperfett mit sich herumträgt, geht erhebliche gesundheitliche Risiken ein. Es besteht erhöhte Anfälligkeit für:

- Bluthochdruck
- Fettstoffwechselstörungen
- Gallensteine
- Gelenkschäden
- Gicht
- Herzinfarkt
- Herzmuskelschwäche
- Krebs
- Schlafapnoe-Syndrom (nächtlicher Atemstillstand)
- Schlaganfall
- Typ-II-Diabetes

laufend, zu Fuß zurücklegen, um erfolgreich zu sein. Heute fährt er mit dem Auto zum Supermarkt, setzt sich gepflegt ins Restaurant oder geht zum Kühlschrank. Es war noch nie so einfach, dem genetischen Befehl zu folgen. Unsere Nahrungsdepots, die Fettzellen, können nicht genug bekommen, und was sie einmal eingebunkert haben, geben sie nur unter Zwang wieder her. Viel von dem, was wir essen, enthält Fett im Überfluss: Braten, Soßen, Wurst, Schokolade … Über 140 Gramm Fett nehmen wir nach Berechnungen der Deutschen Gesellschaft für Ernährung im Schnitt pro Tag auf. Schon die Hälfte würde genügen.

ENERGIESPEICHER

Fettzellen sind eine geniale Erfindung der Natur und ein wichtiger Überlebensfaktor für Tier und Mensch. In guten Zeiten bildet unser Körper dort seine Rücklagen, auf die Mann und Frau bei Bedarf zugreifen können. Ein ideales Prinzip – solange Energieaufnahme und -abgabe in einem ausgewogenen Verhältnis zueinander stehen.

Ein Organ verkümmert

Die Muskulatur ist das größte Organ des Körpers – und das einzige, das Fett verbrennen kann. Zum Jagen und Sammeln aber brauchen wir sie längst nicht mehr. Weil wir, um uns mit Nahrungsmitteln einzudecken, keine nennenswerten Wege mehr zurücklegen müssen, nehmen unsere Muskeln ab, verheizen weniger Energie. Mit fatalen Folgen. Nun haben die aufgenommenen Kalorien freie Bahn, sich in den Fettzellen zur Ruhe zu begeben und sie auf das bis zu 200-Fache aufzublähen. Das Ergebnis sieht man: auf der Waage und im Spiegel.

LAUFEN – DER FATBURNER

- Laufen ist ein Ausdauersport. Während einer Ausdauerleistung verbrennt der Körper vermehrt Fett. Je häufiger und regelmäßiger Sie laufen, desto besser funktioniert in der Folge auch die Fettverbrennung.
- Laufen reguliert den Appetit. Durch gesteigerten Blutzuckerverbrauch während des Laufens verringert sich die Ausschüttung von Insulin, dem körpereigenen, zuckerabbauenden Hormon aus der Bauchspeicheldrüse – und damit der Appetit.
- Nicht nur während des Laufens verbraucht Ihr Körper mehr Energie, auch nach der Belastung ist Ihr Stoffwechsel noch bis zu 24 Stunden deutlich erhöht.

Unser Vorbild, die Vorfahren

Der Jäger und Sammler von einst briet und verzehrte das Fleisch wilder Tiere, daneben standen Beeren und Gemüse auf seinem Speiseplan. Das heißt, er bekam wesentlich mehr Vitalstoffe als der moderne Mensch. Dazu gehörten auch Vitamin C, Vitamin B6, Magnesium und andere Vitamine, Mineralstoffe und Spurenelemente, die notwendig sind, um beispielsweise die Fettverbrennung zu ermöglichen. In den Lebensmitteln, die wir heutzutage vorwiegend zu uns nehmen, sind diese Vitalstoffe kaum noch oder von vornherein nicht enthalten. Mit Fast Food und Fertigprodukten ist der Mangel vorprogrammiert.

Das Rezept: Bewegung und gesundes Essen

Unsere Vorfahren mussten sich bewegen, um zu überleben. Das gilt heute immer noch – fatalerweise in einem völlig anderen Sinn. Der moderne Mensch verbrennt pro Tag erheblich weniger Kilokalorien als früher, nimmt sie aber trotzdem mit der Nahrung zu sich. Er bringt sich selbst in die Gefahr, an den Folgen seines Übergewichts früher zu sterben. Was tun?

Die Muskeln fordern

Wenn Sie Ihr Fett wegbekommen, es verbrennen wollen, haben Sie außer einer gesunden Ernährung nur eine Chance: körperliche Bewegung. Dazu brauchen Sie die Kraft Ihrer Muskeln, denn nur die können Fett verbrennen. Werden Sie deshalb sportlich aktiv und bringen Sie Ihre träge gewordenen Muskeln auf Vordermann. Und da Sie sich mit diesem Buch fürs Laufen entschieden haben: Laufen beansprucht 70 Prozent Ihrer Muskulatur – vor allem an Beinen und Po, aber auch an Oberkörper und Armen. Dort wird ordentlich Fett verbrannt, je länger Sie laufen, umso mehr. Schon nach einigen Monaten regelmäßiger Beanspruchung läuft Ihre Fettverbrennung auf Hochtouren.

Essen Sie – nicht weniger, aber das Richtige

Die vielen Billionen Zellen des Körpers brauchen jeden Tag eine erkleckliche Menge hochwertiger Baustoffe und viel Energie. Nur

GU-ERFOLGSTIPP

Geduld ist das A und O, denn: Der Mensch ist ein Gewohnheitstier. Wenn unser Körper einen Zustand über längere Zeit kennt (mindestens drei bis sechs Monate), gewöhnt er sich daran und versucht ihn zu erhalten. Das nutzen Sie fürs dauerhafte Abnehmen: Geben Sie dem Körper Zeit, sich an das neue Gewicht Schritt für Schritt zu gewöhnen. Setzen Sie sich Etappenziele – und halten Sie dieses Zwischengewicht dann erst mal drei bis sechs Monate lang. Endziel kann und darf Ihr Körpergewicht sein, das nach der Pubertät für etwa zwei Jahre stabil war.

wenn ihnen stets alle wichtigen Nährstoffe zur Verfügung stehen, sind die Organe voll funktionsfähig. Die Immunabwehr ist intakt, Muskeln und Nerven sind ideal aufeinander abgestimmt, das Hormonsystem funktioniert.
Sorgen Sie mit der richtigen Ernährung dafür, dass Ihr Stoffwechsel reibungslos funktioniert. Geben Sie Ihrem Körper, was er braucht – nicht, was nur für die Depots taugt. Essen Sie wie der Jäger und Sammler von einst: mageres Fleisch, Nüsse, Samen, viel Obst und Gemüse. Anders ausgedrückt: hochwertiges Eiweiß, gute Kohlenhydrate, lebenswichtige Fette und ausreichend Vitalstoffe. Tipps zur richtigen Ernährung finden Sie ab Seite 97.

Von der Nahrung zum Nährstoff

Selbst im Schlaf verbrauchen wir Energie, ob für die Atmung, um die Körpertemperatur aufrechtzuerhalten oder für das Funktionieren des Herz-Kreislauf-Systems. Der Energiebedarf des Körpers wird durch den Energiestoffwechsel gedeckt, durch das Verbrennen von Kohlenhydraten und Fetten.
In jeder Sekunde baut unser Organismus zehn Millionen neue Zellen, der Körper wird rund um die Uhr erneuert. Vor allem Eiweiß macht diesen Baustoffwechsel möglich. Kohlenhydrate, Fette und Eiweiße wären jedoch nichts ohne ihre unentbehrlichen Helfer Vitamine, Mineralstoffe und Spurenelemente – kurz: Vitalstoffe. Sie sind Zündstoffe, Energie- und Steuerelemente des Baustoffwechsels.

WICHTIG: FETT UND ZUCKER NIEMALS ZUSAMMEN!

Wissenschaftliche Studien belegen: Bei gleichem Fettgehalt von gezuckerten und nicht gezuckerten Nahrungsmitteln werden nach dem Verzehr der Zucker-Fett-Kombination 60 Prozent mehr Fette in den Stoffwechsel aufgenommen. Vermeiden Sie daher die Verbindung Fett und Zucker! Wenn Sie der Heißhunger auf Süßes übermannt, lassen Sie sich statt Schokolade und Sahnetorte lieber einen bunten Obstsalat oder ein leckeres Müsli mit Magerjoghurt schmecken.

Kohlenhydrate: einfach, zweifach, mehrfach

So eigenartig es klingt: Es gibt gute und schlechte Kohlenhydrate. Ganz allgemein sind Kohlenhydrate verschieden große Zuckerbausteine, die der Körper zu Glukose abbaut, dem Zuckermolekül, das er direkt zu Energie verbrennen kann. Es gibt sie in einfacher Form als Glukose, im Traubenzucker enthalten, oder als Fruktose im Obst. Maltose (Malzzucker) und Saccharose im Haushaltszucker sind Kohlenhydrate, die aus zwei Bausteinen bestehen. Kartoffeln, Vollkornprodukte und Hülsenfrüchte enthalten ganze Kohlenhydratketten. Was Kohlenhydrate gut oder schlecht macht? Die Geschwindigkeit, vor allem aber die Stärke, mit der sie den Blutzucker ansteigen lassen. Einfache Zucker »schießen« ins Blut, treiben den Blutzucker weit nach oben, provozieren eine hohe Insulinausschüttung, die dafür sorgt, dass im Körper zirkulierendes Fett in die Speicher geschickt wird. Wer viele Süßigkeiten isst, wird rasch dick.

Essen Sie Linsen, Erbsen, Sojabohnen & Co. Denn Hülsenfrüchte enthalten komplexe Kohlenhydrate, die langsam abgebaut werden und deshalb nicht dick machen. Außerdem machen sie schön satt und sind vor allem reich an pflanzlichem Eiweiß – und das ist nicht nur wichtig für eine gute Muskulatur, sondern für den gesamten Stoffwechsel.

Komplexe Kohlenhydratketten werden langsamer abgebaut. Sie »fließen« ins Blut, der Blutzucker steigt weniger hoch an und sinkt in gleichmäßigem Tempo. Nun kommt das Hormon Glukagon ins Spiel. Es veranlasst die Leber, ab einem bestimmten Wert den Zuckerspiegel wieder auf Normalmaß zu heben. Dazu wird Fett aus den Depots abgezogen und in Zucker umgewandelt. So wird Körperfett abgebaut.

Fette: gesättigt und ungesättigt

Fette sind lebensnotwendig. Ohne sie würde unser Stoffwechsel nicht funktionieren, unsere Nerven lägen förmlich blank, unseren Organen fehlten die Polster, und bei Kälte würden wir erbärmlich frieren. Die Haut wäre trocken und spröde, es gäbe keine Hormone und auch keine Gallensalze, die wichtiger Teil einer guten Verdauung sind. Und wer wäre Träger der fettlöslichen Vitamine A, D, E und K? Der Gaumen käme ebenfalls zu kurz, empfindet er die Fette doch deshalb als angenehm, weil sich darin viele Duft- und Geschmacksstoffe entfalten.

Doch auch die Fette trennt man in gute und schlechte. Milchprodukte, Fleisch und Wurst, Kokos- und Palmfett, Gebäck, Süßes und Knabbereien (behandelte Erdnüsse, Chips etc.) enthalten sogenannte gesättigte Fettsäuren – die schlechte Variante. Sie erhö-

hen den Cholesterinspiegel, lagern sich an den Wänden der Blutgefäße an und taugen dem Körper zu kaum mehr, als sich eine Fettschicht an- oder zuzulegen.
In den Ölen aus Oliven, Nüssen und Samen und in Fisch ist das gute Fett enthalten: die ungesättigten Fettsäuren. Sie sind lebenswichtig, doch der Körper kann sie nicht selbst herstellen. Sie schützen vor Herzinfarkt, ermöglichen das Wachstum und fördern die Leitfähigkeit der Nerven. Besonders wertvoll sind die einfach ungesättigten Fettsäuren in Oliven- und Rapsöl, die den Cholesterinspiegel regeln.

Eiweiß aus Aminosäuren

Gewissermaßen sind unsere körperliche und geistige Leistung und unsere Stimmung Eiweißprodukte. Denn nur, wenn wir den Körper optimal mit Eiweiß (Proteinen) versorgen, kann er bestens funktionieren.

DER »ERNÄHRUNGS-KUCHEN«

Die Deutsche Gesellschaft für Ernährung erarbeitet seit Jahren auf wissenschaftlicher Basis Empfehlungen für die tägliche Aufnahme von unentbehrlichen Nährstoffen (Vitamine und Mineralstoffe), Richtwerte für die Energiezufuhr sowie die bestmögliche Verteilung der Energieträger Kohlenhydrate, Fette und Eiweiße. Die Grafik zeigt die idealen Anteile der einzelnen Lebensmittel. Und ganz wichtig: Ausreichend zu trinken ist das zweite Standbein der Ernährung. Nehmen Sie im Gewichtsverhältnis genauso viele Getränke zu sich wie Lebensmittel.

Eine Hautzelle lebt nur 14 Tage, dann wird sie mithilfe des Baustoffwechsels von einer neu gebauten ersetzt. Jeden fünften Tag verdaut eine neue Magenschleimhaut, was wir zu uns nehmen. Auch die übrigen Organe unseres Körpers, Muskel-, Gewebezellen und Nerven sind aus Eiweißbausteinen zusammengesetzt: den 22 Aminosäuren. Für Gefühle, Gedanken, Empfindungen stellt der Körper die dafür notwendigen Botenstoffe ebenfalls aus Eiweißbausteinen her. Ohne Enzyme (Proteine mit Spezialaufgaben im Stoffwechsel) liefen im Körper keine Reaktionen ab, die Nahrung könnte nicht zu Nährstoffen verdaut und die Nährstoffe könnten nicht in Energie verwandelt werden.
Nicht alle 22 Aminosäuren werden im Körper selbst produziert. Die acht sogenannten essenziellen (= lebensnotwendigen) Aminosäuren können wir uns nur übers Essen zuführen.
Diese Eiweiße sind einerseits in tierischen Nahrungsmitteln enthalten, zum Beispiel in Fleisch, Fisch, Geflügel, Eiern, Milch, andererseits in pflanzlichen Nahrungsmitteln wie Reis, Mais, Hirse, Weizen und Hülsenfrüchten.

TIPP

Um die notwendige Bandbreite an Eiweißbausteinen abzudecken, ist es sinnvoll, verschiedene Nahrungsmittel zu kombinieren. Verbinden Sie zum Beispiel Fisch und Hülsenfrüchte, Haferflocken und Milch, Weizen und Ei. Denn unterschiedliche proteinhaltige Lebensmittel ergänzen sich in ihrer biologischen Wertigkeit, also im Muster ihrer Aminosäuren. Mahlzeiten mit sowohl tierischen als auch pflanzlichen Eiweißen sind also wertvoller als »nur« ein Steak.

Vitamine, Mineralstoffe, Spurenelemente

Eiweiß-, Kohlenhydrat- und Fettstoffwechsel könnten jedoch ohne Vitamine, Mineralstoffe und Spurenelemente nicht funktionieren. Kurz gesagt: Ohne Vitalstoffe läuft nichts! Denn wenn die notwendigen Vitamine fehlen, kann das aufgenommene Eiweiß nicht gespalten werden und die Aminosäuren gelangen nicht in die Zellen. Vitalstoffe sind unersetzlicher Anteil des Magensafts und der Eiweiß spaltenden Enzyme. Für eine gesunde Eiweißernährung essen Sie also zum Fleisch einen Salat und über den Tag verteilt ausreichend Obst und Gemüse.
Vitalstoffe sind außerdem notwendig, damit Fettmoleküle aus den Depotzellen zum Verheizen in die Muskelzellen geführt werden können. Für den Fettabbau spielen sie also ebenfalls eine wichtige Rolle.
Vitamine, Mineralstoffe und Spurenelemente sind sozusagen die Heilsarmee des Körpers. In emsiger Zusammenarbeit sind sie stets für die gute Sache unterwegs.

Vitamine, Mineralstoffe und ...

Vitamine	Funktion	Quellen
A	Regeneration von Haut und Schleimhäuten, Sehkraft, Immunabwehr	Kalbsleber, Möhren, Grünkohl, Spinat, Fenchel, Paprika
B1	Kohlenhydratstoffwechsel, Motorik Nerv-Muskulatur, Regeneration des Nervensystems	Huhn, Vollkorn, Nüsse, Samen, Kichererbsen, Mungobohnen
B2	Muskelbildung, Hormonbildung, Fett- und Eiweißstoffwechsel	Huhn, Leber, Pilze, Milch, Nüsse
B6	Steuerung der Eiweißbildung, Kommunikation zwischen Nervenzellen	Fisch, Fleisch, Banane, Getreide, Rosenkohl
B12	Blutbildung, Zellteilung, Zellwachstum	Huhn, Austern, Krabben, Makrele, Kalbsleber, Thunfisch
C	Immunabwehr, Wundheilung, verbesserte Eisenaufnahme	Kiwi, Zitrusfrüchte, Paprika, Brokkoli, Sanddornbeerensaft
D	Knochenaufbau, Kalzium-Stoffwechsel, Muskulatur und Nerven	Seefisch, Leber, Avocado, Pilze
E	Abwehr gegen LDL-Cholesterin und freie Radikale	Weizenkeimöl, Schwarzwurzeln, Samen, Kichererbsen
K	Blutgerinnung, Wundheilung, Knochenstoffwechsel	Grünkohl, Rosenkohl, Spinat, Fenchel, Haferflocken
Folsäure	Schutz vor Herzinfarkt, Zellteilung, Zellbildung, besonders wichtig in der Schwangerschaft	Huhn, Leber, Hefe, Mungobohnen, Blattgemüse, Fenchel

Mineralstoffe	Funktion	Quellen
Kalium	Blutdrucksenkung, Muskulatur und Nerven, Regulierung des Wasserhaushalts	Apfelsaft(schorle), Gemüse und Obst, Nüsse, Weizenkeime
Kalzium	Aufbau von Knochen und Zähnen, Übertragung der Nervenimpulse auf den Muskel	Milch, Milchprodukte, Basilikum, Hülsenfrüchte, Grünkohl
Magnesium	Körperliche und geistige Leistungsfähigkeit, Aufbau von Knochen und Zähnen, funktionierende Nerven und Muskulatur	Samen, Sojabohnen, Pilze, Erdnüsse, Hirse
Natrium	Regulierung des Wasserhaushalts, Aufnahme von Zucker und Aminosäuren in die Zellen, Kreislaufstabilität	Kochsalz, Rauchfleisch, Fisch, Wurst, Blauschimmelkäse
Phosphor	Energiegewinnung in den Zellen, waches Gehirn, rege Nerven, Muskelkontraktion	Wurst, Käse, Fisch, Fleisch, Eier

... Spurenelemente

Spurenelemente	Funktion	Quellen
Chrom	Zucker- und Fettverwertung	Schwarztee, Käse, Kakao, Vollkorn, Mais
Eisen	Sauerstofftransport in die Zellen	Leber, Fleisch, Fisch, Samen, Linsen, Eigelb, grünes Gemüse
Jod	Produktion der Schilddrüsenhormone, Fettverbrennung, Wachheit, Lust, Antrieb	Seefisch, Bergkäse, Edelpilzkäse, Trüffel, jodiertes Speisesalz
Kupfer	Aufbau roter Blutkörperchen, Sauerstoffversorgung der Zellen	Fisch, Schalentiere, Leber, Sonnenblumenkerne, Mohnsamen
Mangan	Aktiviert Enzyme, die für Energiegewinnung zuständig sind, macht fit und potent	Schwarztee, Haselnüsse, Getreide, Sesamsamen
Selen	Schützt Körperzellen vor Oxidation und damit vor Krebs	Kokos- und Paranuss, Steinpilz, Fisch, Leber, Sojabohne
Silizium	Elastizität der Blutgefäße, Schutz vor Verkalkung, Schlaganfall und Herzinfarkt	Getreide, Petersilie, Schnittbohnen, Lauch
Zink	Aufbau von Körpereiweiß, stärkt das Immunsystem, Wundheilung, schützt vor Ekzemen	Weizenkleie, Samen, Hartkäse, Meeresfrüchte, Schweineleber

Wie das Häppchen auf die Hüften kommt

Das Häppchen: Sekunden auf der Zunge, Stunden im Magen und Jahre auf der Hüfte. So sagt der Volksmund. Wie kommt das? Physiologisch betrachtet relativ einfach: Im Darm werden Triglyceride (große Fettmoleküle) in Fettsäuren und Glycerin gespalten. Über Lymphe und Blutkreislauf gelangen sie zu den Speicherzellen, den sogenannten Adipozyten in Muskelgewebe, Fettgewebe und der Leber. Die können sich bei Bedarf enorm aufblähen – und sobald sie wegen Überfüllung geschlossen werden, bildet der Körper neue. Warum ist das so? Weil der moderne Mensch noch immer seinem genetischen Programm gehorcht, das ihm befiehlt, sich den Bauch vollzuschlagen, bevor womöglich wieder schlechtere Zeiten kommen. Dieses Programm passt aber nicht mehr in die heutige Welt des Überflusses:

- Wir bewegen uns zu wenig und leisten kaum noch Körpereinsatz, um unsere Nahrung zu beschaffen.
- Wir essen mehr als wir verbrauchen – und legen Depots an.

> Wir essen Nahrungsmittel, die der Körper nicht sinnvoll verwerten kann. Zucker und Weißmehl etwa bringen das Zusammenspiel der Hormone aus der Balance. Durch häufigen Genuss schlechter Kohlenhydrate ist der Insulinspiegel ständig erhöht und als Folge davon der Fettstoffwechsel ganz auf Fettspeicherung eingestellt.

> Wir essen viele Fertigprodukte, denen wesentliche Elemente einer vollwertigen Ernährung fehlen, vor allem Vitalstoffe, die beim Fettabbau eine wichtige Rolle spielen.

> Wir kombinieren Schlechtes mit Schlechtem: Zucker und Fett – eine fatale Verbindung. So landet mehr Fett in den Depots. Der Klassiker: süßer Brotaufstrich auf Nussbasis. 100 Gramm enthalten 54 Gramm Zucker und mindestens 30 Gramm Fett.

> Wir versuchen, mit Diäten schlank zu werden. Das funktioniert nicht – im Gegenteil: Bei Hunger schaltet der Körper auf Notprogramm, fährt seine Funktionen herunter, verbrennt zuerst Zucker, dann Eiweiß und wagt sich erst, wenn es gar nicht mehr anders geht, an die Polster. Doch dann sind die meisten Diäten vorbei. Was man bis dahin an Gewicht verloren hat, war vor allem Wasser. Nun folgt die Rache der Gene: Endlich ist wieder Nahrung da! Alles in die Speicher, bevor wieder schlechte Zeiten kommen! Bald wiegt man mehr als vorher. Und nimmt sich vor, öfter Diät zu halten …

Bestimmen Sie Ihren Body-Mass-Index, ganz ohne zu rechnen: Ziehen Sie einfach eine Verbindungslinie zwischen Ihrer Körpergröße und Ihrem Gewicht. Lesen Sie dann den Wert auf der mittleren Skala ab. Das ist Ihr BMI. Die Bereiche gelten allerdings hier nur für 25- bis 34-Jährige und verschieben sich mit dem Alter nach oben (siehe Seite 19).

BODY-MASS-INDEX (BMI)

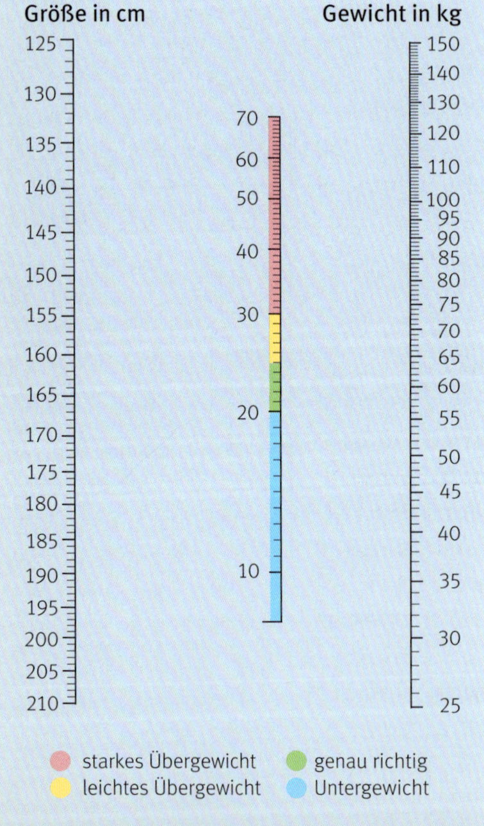

Wiegen Sie tatsächlich zu viel?

Normalgewicht, Übergewicht, Fettsucht sind international gültige wissenschaftliche Einteilungen für das Körpergewicht. Sie orientieren sich am Body-Mass-Index, abgekürzt BMI. Definiert ist der BMI als Verhältnis von Körpergewicht in Kilogramm zu Körpergröße in Meter zum Quadrat. Die Formel lautet:

$$\text{BMI} = \frac{\text{Körpergewicht (in kg)}}{\text{Körpergröße (in m)}^2}$$

Ein Beispiel: Wenn Sie 64 Kilo wiegen und 1,72 Meter groß sind, errechnet sich Ihr BMI so: 64 : (1,72 x 1,72) = 21,6.

Taille-Hüft-Verhältnis

Man soll Äpfel nicht mit Birnen vergleichen – das gilt auch in Bezug auf die Körperformen. Die meisten Frauen sind Birnentypen: schlank um die Taille, etwas stärker gepolstert an Hüften und Oberschenkeln. Birnentypen haben kaum ein erhöhtes Risiko für Herz-Kreislauf-Erkrankungen. Gefährlicher leben da die Männer, denn sie neigen zum Apfeltyp mit viel Bauchfett um die Taille. Das ist gesundheitlich besonders bedenklich und muss rechtzeitig bekämpft werden. Zu welchem Typ man neigt, sagt einem die »Waist to Hip Ratio« (kurz: WHR), das Taille-Hüft-Verhältnis. Die dazugehörige Formel lautet:

$$\text{WHR} = \frac{\text{Taillenumfang}}{\text{Hüftumfang}}$$

Bei Frauen sollte die WHR nicht mehr als 0,85 betragen, bei Männern nicht über 1,0 liegen. Wenn Ihr Wert größer ist, prüfen Sie, ob auch Ihr BMI erhöht ist, und versuchen Sie, ein wenig abzuspecken. Herz und Kreislauf werden es Ihnen danken.

Körperfettanteil

Es ist ohne Weiteres möglich, dass Sie sich sportlich schwer ins Zeug legen, aber weder auf der Waage Gewicht verlieren noch Ihr BMI entscheidend sinkt. Der Grund: Höchstwahrscheinlich ist Ihre Muskulatur kräftiger und schwerer geworden, während Ihr Körperfettanteil abgenommen hat. Ein durchaus wünschenswertes Ergebnis, denn Muskeln wiegen mehr als Fett. Das bedeutet andererseits aber auch, dass Körpergewicht und BMI allein nicht genug über Ihren körperlichen Zustand aussagen.
Mit einer speziellen Körperfettwaage kann man das Fett-Muskel-Verhältnis des Körpers ermitteln. Wenn man sich barfuß auf eine

DAS SAGT IHR BMI AUS

- weniger als 19: (leichtes) Untergewicht
- 19 bis 25: Normalgewicht
- 25 bis 30: leichtes Übergewicht
- mehr als 31: erhebliches Übergewicht (Fettsucht)

Je größer der BMI, desto höher das Risiko von Herz- und Gefäßerkrankungen. Mit zunehmendem Alter steigt der BMI-Wert an. Für das Normalgewicht gilt:

19–24 Jahre:	19–24
25–34 Jahre:	20–25
35–44 Jahre:	21–26
45–54 Jahre:	22–27
55–64 Jahre:	23–28
über 64 Jahre:	24–29

Entsprechend erhöhen sich die anderen Werte.

Bewertung des Körperfettanteils in Prozent

Alter	Männer			Frauen		
	gut	mittel	schlecht	gut	mittel	schlecht
20–24	14,9	19,0	23,3	22,0	25,0	29,6
25–29	16,5	20,3	24,3	22,1	25,4	29,8
30–34	18,0	21,5	25,2	22,7	26,4	30,5
35–39	19,3	22,6	26,1	24,0	27,7	31,5
40–44	20,5	23,6	26,9	25,6	29,3	32,8
45–49	21,5	24,5	27,6	27,3	30,9	34,1
50–59	22,7	25,6	28,7	29,3	33,1	36,2
ab 60	23,2	26,2	29,3	30,7	34,0	37,3

solche Waage stellt, fließt Schwachstrom durch den Körper, der den Widerstand der Zellen misst. Muskelgewebe leitet wegen seines Wassergehalts den Strom besser als Fettgewebe; auf diese Weise kann der Computer Rückschlüsse auf den Körperfettanteil ziehen. Doch die Ergebnisse müssen richtig eingeordnet werden! Da letztlich nicht der Muskel- oder Fettanteil, sondern der Wassergehalt des Körpers gemessen wird, kann zum Beispiel ein Saunabesuch oder ein schweißtreibender Dauerlauf das Resultat deutlich verändern. Wichtig ist es deshalb, sich immer unter gleichen Voraussetzungen zu wiegen.

Der Energiestoffwechsel

Gestatten: ATP – das Brennelement mit Wiederaufbereitungsgarantie des energetischen Stoffwechselbetriebs. Sein ganzer Name: Adenosintriphosphat. In den Zellen verbrennt Adenosintriphosphat wie ein Tropfen Benzin, zerfällt unter Abgabe von Energie zu Adenosindiphosphat (ADP) und einem freien Phosphatmolekül. Diese frei werdende Energie braucht zum Beispiel eine Muskelfaser, um sich zusammenziehen zu können, braucht ein Muskel, um sich mit vielen seiner Fasern zusammenziehen und wieder entspannen zu können, um an Sehnen zu ziehen, dadurch Gelenke zu bewegen, um Gehen, Laufen, Hüpfen, Springen möglich zu machen. Bewegung ist ATP-Zerfall – rein energetisch betrachtet natürlich.

Zerfall und Aufbau

In den Muskelzellen ist genug Phosphat für etwa zehn Kontraktionen vorhanden, das reicht für wenige Sekunden. Dann wäre Schluss – wenn nicht der Körper die fantastische Fähigkeit hätte, gleichzeitig mit dem ATP-Zerfall aus ADP und einem freien Phosphat neues ATP zu bilden. Das Spiel kann von Neuem beginnen. Aber um ATP herzustellen, ist Energie aus dem sogenannten Energiestoffwechsel nötig. Dessen Brennstoffe sind die schon erwähnten Kohlenhydrate und Fette.

Kohlenhydrate schwimmen im Blut und lagern in Depots in der Leber und der Muskulatur als Glykogen. Vor dem Verbrennen spalten Enzyme sie zu Einfachzucker (Glukose), danach werden sie in die Muskelzelle, dort in die Mitochondrien (im Zellplasma liegende Körnchen) eingeschleust und verheizt.

Den Fetten geht es nicht besser. Auch sie schwimmen im Blut oder lagern in Depots im ganzen Körper – wenn man sie sehen kann, nennen wir es Problemzonen –, werden bei Bedarf in Fettsäuren gespalten, in die Mitochondrien gebracht und verbrannt.

ATP

Für Biochemiker ist ATP die Energie des Lebens schlechthin. Es ist das energiereichste und vor allem effizienteste Molekül in unserem Körper. Ein Erwachsener baut täglich in etwa eine Menge ATP auf und wieder ab, die seinem Körpergewicht entspricht. Bei intensiver Arbeit kann der sogenannte ATP-Durchsatz auf 500 g pro Minute ansteigen.

Was die zwei Brennstoffe bewirken

Wenn intensive Leistungen gefordert sind, Schnelligkeit, große Kraft oder ein Zwischenspurt, öffnet der Körper das Ventil des Glykogentanks. Dieser Tank hat nur einen begrenzten Inhalt. Ein Läufer im Marathontempo zum Beispiel müsste allein mit Glykogen nach etwa 90 Minuten aufgeben.

Das Fettdepot ist dagegen ein riesiger Energiespeicher, der für viele Marathonläufe reichen würde. Fette sind ein Dauerbrennstoff für niedrige bis mittlere Intensität – die wichtigste Energiequelle für den (Dauer-)Läufer. Zieht man daraus den Umkehrschluss, so heißt das: Laufen ist ideal zur Fettverbrennung und damit zum Fettabbau.

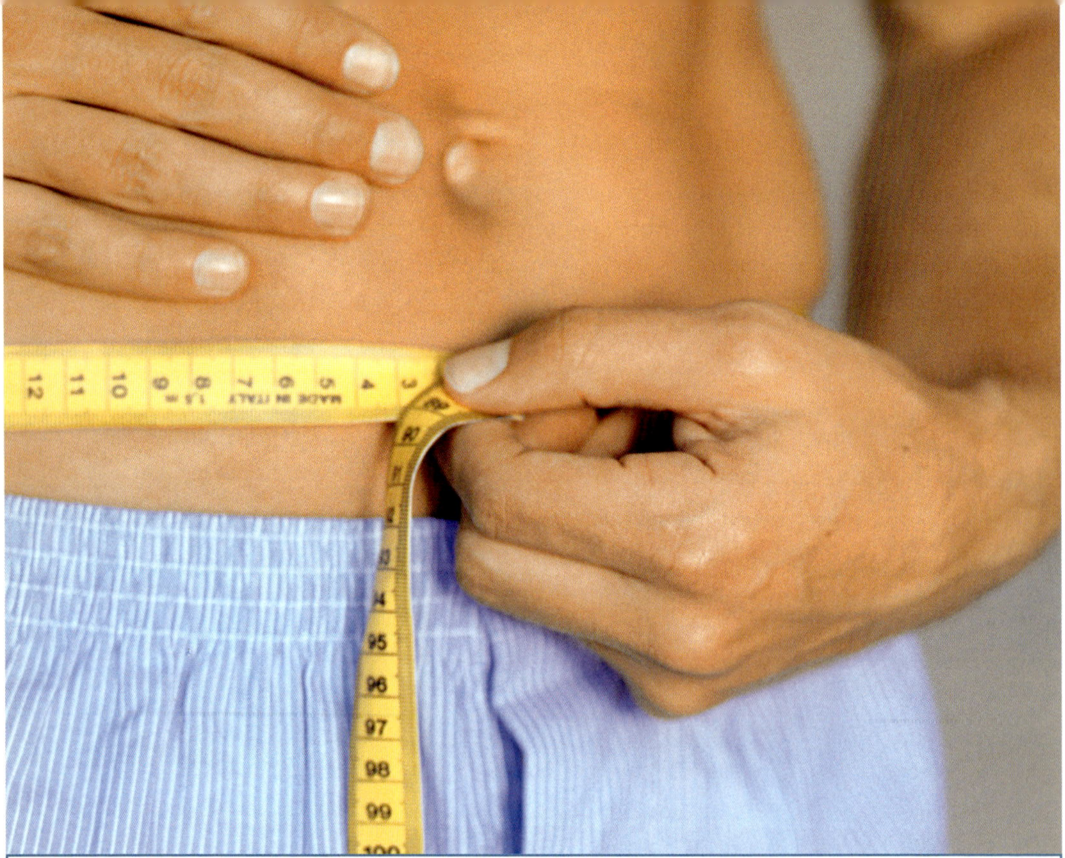

Sie werden ja laufend schlanker!

Es gibt nur einen Ort im Körper, wo effektiv Fett verbrannt wird: in der Muskulatur. Je mehr Sie sich bewegen, desto mehr Fett verbrennen Sie. Wenn Sie anfangen, regelmäßig zu laufen, wird Ihr Fett dahinschmelzen. Sie können es gar nicht verhindern!

Die Fettverbrennung auf Touren bringen

Der Körper hat die beeindruckende Gabe, sich an Reize anzupassen, er ist trainierbar. Wenn man läuft, ist das ein Reiz für den

Körper, wieder mehr fettabbauende Enzyme herzustellen. Die Muskelmasse nimmt zu und verbrennt wiederum mehr Fett.

- Die Zahl der Mitochondrien, der kleinen »Heizkraftwerke« der Zellen, kann sich durch regelmäßiges Laufen vervielfachen. Der Energieumsatz steigt deutlich an.
- Der Fettstoffwechsel verbessert sich. Die Fettzellen geben dem Sog von außen nach, lassen mehr Enzyme an sich heran, die den Vorratsbehälter entleeren.
- Und das Beste ist: Nicht nur während des Laufens verbrennen Sie Fett, sondern Ihr Stoffwechsel ist danach den ganzen Tag deutlich erhöht. Selbst auf dem Sofa geht der Fettabbau weiter.

Im Grunde ist alles eine Frage der Zeit und Regelmäßigkeit. Und der Geduld! Wer lange keinen Sport getrieben hat und nun mit dem Laufen beginnt, muss dem Körper Zeit zugestehen, sich zunächst auf die neue Situation einzustellen. Die Fettverbrennung muss erst einmal auf Touren kommen. Doch schon nach wenigen Monaten regelmäßigen Trainings läuft sie wie am Schnürchen.

Im richtigen Tempo abnehmen

Wenn Sie laufen, kommt Ihr Körper in Fahrt. Die Muskeln arbeiten, damit Sie vorwärts kommen. Arbeit braucht Energie und Sauerstoff. Beide müssen über die Blutbahn herangeschafft werden. Damit mehr Energie und mehr Sauerstoff unterwegs zu den Zellen sind – und Abfallprodukte rascher entsorgt werden können –, schlägt das Herz schneller und Sie atmen häufiger. Bei all der Arbeit entsteht zudem viel Wärme. Wenn die Temperatur eine bestimmte Schwelle überschreitet, schaltet der Organismus sein Kühlsystem ein: Sie schwitzen. Der Stoffwechsel ist jetzt so richtig schwer beschäftigt.

Wenn Sie es richtig machen, also im richtigen Tempo laufen, verbrennen Sie durch diese Belastung vor allem Fett. Fett, das aus den Körperdepots herangeschafft wird – von dort, wo Sie es loswerden wollen. Damit Sie es immer richtig machen, müssen Sie zuerst einmal herausfinden, wie Ihr Körper auf Belastung reagiert. Je nachdem, welches Ziel Sie verfolgen, kann eine Belastung zu gering, optimal, aber auch zu hoch ausfallen.

TIPP

»Den Seinen gibt's der Herr im Schlaf« – dieses Sprichwort gilt auch beim Fettabbau. Studien aus aller Welt belegen, dass das Risiko, an Übergewicht zu leiden, deutlich ansteigt, je später man zu Bett geht und je kürzer man schläft. Das bedeutet: Je früher Sie zu Bett gehen und je länger Sie schlafen, desto größer ist die Wahrscheinlichkeit, dass Sie Ihr Normalgewicht erreichen und/oder erhalten. Verantwortlich dafür ist übrigens der Cortisolspiegel, der auf den Tag-Nacht-Rhythmus eingestellt ist. Wird der beeinträchtigt, stört dies auch den Blutzucker- und Insulinspiegel – mit der Gefahr zuzunehmen.

Stärke und Dauer der Belastung

Ein Gewichtheber reißt oder stößt im Wettkampf sein Maximalgewicht innerhalb von Sekunden hoch. Ein Weltklassesprinter ist für 100 Meter etwa zehn Sekunden lang unterwegs, läuft also mit einer durchschnittlichen Geschwindigkeit von 10 Meter pro Sekunde (10 m/s). Ein exzellenter 400-Meter-Läufer braucht 45 Sekunden, um ins Ziel zu gelangen (im Durchschnitt 8,9 m/s), sehr gute Läufer legen 10 000 Meter in 27 Minuten zurück (6,2 m/s). Und ein Marathonläufer erster Güte bewältigt die 42,195 Kilometer in 2 Stunden und 10 Minuten (durchschnittlich 5,4 m/s).

Anhand dieser Beispiele werden die beiden wichtigsten Faktoren im Laufsport deutlich: die Dauer der Belastung in Sekunden, Minuten und Stunden sowie deren Stärke in zurückgelegter Strecke pro Zeiteinheit, hier in Metern pro Sekunde gemessen. In Sportlerkreisen spricht man in der Regel von Intensität (Stärke) und Umfang (Dauer).

Man sieht an den Zahlen, was man ohnehin vermuten würde: Hohe Intensitäten sind nur über kurze Zeiträume möglich. Je länger die Belastung dauert, umso mehr muss die Intensität heruntergefahren werden. Anders gesagt: Ein 100-Meter-Tempo hält man eben kaum weiter als 100 Meter durch. Diese grundlegende Erkenntnis ist auch für den Dauerläufer wichtig.

Energiegewinnung

... beim Laufen:

bis 10 Sek.: Phosphat aus dem Muskelspeicher, rein anaerob

45 Sek.–2 Min.: Kohlenhydrate, vorwiegend anaerob

2 bis 8 Min.: vorwiegend Kohlenhydrate, aerob/anaerob

bis 1 Std.: überwiegend Kohlenhydrate, zunehmend Fette, je nach Trainingszustand

über 1 Std.: mehr Fett, weniger Kohlenhydrate, je nach Trainingszustand

Energie für Bewegung

Intensität und Umfang einer Belastung spiegeln sich in der Art der Energiebereitstellung wider. Sie erinnern sich: Der Energiestoffwechsel speist sich aus Phosphaten im Muskel und aus dem Verbrennen von Kohlenhydraten und Fetten. Die Energiegewinnung wiederum ist einerseits mit dem Einsatz von Sauerstoff (aerob), andererseits ohne Sauerstoff (anaerob) möglich.

Mit und ohne Sauerstoff

Der Fettstoffwechsel funktioniert nur, wenn dafür Sauerstoff zur Verfügung steht (aerobe Energiebereitstellung), also bei sportlicher Aktivität mit niedriger bis mittlerer Intensität, bei der man nicht außer Puste gerät. Bei steigender Intensität verliert der Fettstoffwechsel immer mehr an Bedeutung und fällt schließlich als Energiequelle ganz aus. Kohlenhydrate übernehmen nun allein die Energieversorgung. Glukose hat nämlich die Besonderheit, dass sie sowohl mit als auch ohne Sauerstoff verbrannt werden kann (aerobe und anaerobe Energiebereitstellung). Steigt die Belastung weiter an, fällt auch der aerobe Kohlenhydratstoffwechsel aus. Nun ist nur noch der anaerobe Stoffwechsel in Aktion – mit zwei wesentlichen Nachteilen:

- Die Menge der bereitgestellten Energie ist erheblich geringer.
- Als Abbauprodukt entsteht Milchsäure (Laktat), die den Muskel bald wegen Übersäuerung zur Aufgabe zwingt, zumindest aber zum deutlichen Reduzieren seiner Leistung.

Bis zehn Sekunden

Kurzzeitige Belastungen mit hoher Intensität (bis zu zehn Sekunden) bewältigt die Muskulatur über die in ihr gespeicherte Phosphat-Energie. Dazu ist kein Sauerstoff nötig (anaerob), es entsteht aber auch kein Laktat (alaktazid). Einen Getränkekasten ins Auto hieven oder ein Schmetterschlag beim Volleyball nach Anlauf und Absprung – dies sind typische punktuelle Leistungen, die von Sportexperten unter dem Begriff »anaerob-alaktazid« einsortiert werden.

Eine Stadionrunde

Dauert die Belastung länger als etwa zehn Sekunden, fängt der Körper an, Kohlenhydrate und Fette zu verbrennen: deren Anteil ist abhängig von der Intensität. Bei maximaler Intensität kommt ausschließlich die Glukose-Verbrennung unter anaeroben Bedingungen zum Einsatz. Dies geht bis zu etwa 45 Sekunden gut.

DER LAKTATSPIEGEL STEIGT

Die Laktatkonzentration im Blut misst man in Millimol pro Liter (mmol/l) Blut. Je größer die Belastung, desto höher der Laktatspiegel.

- Im Ruhezustand hat der Mensch einen Laktatspiegel von etwa 1 mmol/l.
- Für Dauerläufer ist eine Geschwindigkeit ideal, die einen Laktatwert von 2 bis 3 mmol/l ergibt.
- Laktatwerte um die 4 mmol/l werden als aerob-anaerober Übergangsbereich oder als anaerobe Schwelle bezeichnet. Dies ist bereits nicht mehr der optimale Fettverbrennungsbereich.
- Über 4 mmol/l beginnt bei den meisten Menschen der kritische Bereich, ab dem mehr Laktat produziert wird, als abgebaut werden kann, und die Muskulatur rasch ermüdet. Manche vertragen weniger, einige vertragen mehr.

WICHTIG

Haben Sie die 30 hinter sich gelassen und zudem lange keinen Sport mehr getrieben? Dann ist ein Gesundheitscheck beim Arzt ein absolut empfehlenswerter Trainingsstart. Unter anderem sollten Sie mithilfe eines Elektrokardiogramms (EKG) klären lassen, ob mit Ihrem Herzen alles in Ordnung ist. Ein Sportmediziner kann zudem einen Laktattest durchführen: Während Sie auf einem Laufband oder Fahrrad immer stärker strampeln, wird Ihnen mehrmals etwas Blut für den Test abgenommen und zugleich der Puls gemessen. So stellt der Arzt fest, bei welcher Pulsfrequenz Sie den Wert von 4 mmol/l, also die anaerobe Schwelle, erreichen.

Dann lässt die Wirkung nach. Die Laktatkonzentration ist mittlerweile so hoch, dass die Muskulatur nicht mehr maximal arbeiten kann. Fachleute sprechen in diesem Fall von anaerob-laktazider Energiebereitstellung.
400-Meter-Läufer sind jetzt froh, das Ziel zu erreichen. Man sieht sie danach minutenlang um Atem ringen. Sie tragen in dieser Zeit ihre hohe Sauerstoffschuld ab. Sie müssen also die Menge Sauerstoff aufnehmen, die notwendig ist, um die während des Laufens angefallene Milchsäure wieder abzubauen.

Tausend Meter und mehr

Je länger man läuft (Umfang), desto geringer muss die Geschwindigkeit sein (Intensität), damit die Energiebereitstellung unter aeroben Bedingungen abläuft. Das wird ab einer Belastungsdauer von etwa zwei Minuten wichtig.
Wenn Sie beim Laufen Fett verbrennen wollen, müssen Sie es also ruhig und langsam angehen lassen. Denn leicht und locker daherkommend verbrennen Sie zu etwa 80 Prozent Fett und zu 20 Prozent Kohlenhydrate – im Sauerstoffüberschuss. Die anaerobe Kohlenhydratverarbeitung findet zwar auch statt, ist aber verschwindend gering.
Wenn Sie Ihre Geschwindigkeit steigern, verringert sich der Anteil an Fett-»Treibstoff«, der verbrannt wird, der Kohlenhydratanteil dagegen steigt, sowohl aerob als auch anaerob.
Wenn Sie noch schneller laufen, eventuell bis hin zu einem intensiven Zwischenspurt, dann ist zu wenig Sauerstoff da, um den Fettstoffwechsel im Betrieb zu halten. Er wird abgeschaltet zugunsten des Kohlenhydratstoffwechsels, wobei die anaerobe Variante die Oberhand gewinnt. Nun entsteht wieder viel Milchsäure – zu viel! Sie werden rasch »sauer«, japsen nach Luft, Ihre Beine werden bleischwer, und Sie müssen aufgeben oder zumindest deutlich langsamer laufen.

Herzschlag und Puls

Im Zentrum des Brustraums ist ein Muskel unablässig aktiv, den man willentlich nicht direkt beeinflussen kann: das Herz. Es saugt – sehr einfach dargestellt – auf der einen Seite Blut aus der Blutbahn an, um es auf der anderen Seite wieder auszustoßen, und hält so den Blutkreislauf in Gang.
Für den Läufer ist die Anzahl der Herzschläge pro Minute – Herzfrequenz oder Puls genannt – der wichtigste Indikator für die Stärke der Belastung und den damit erzielten Effekt. Die Herzfrequenz ist außerdem die einzige stets und relativ einfach messbare Größe, die sehr genau den aktuellen Leistungsstand abbildet. Je besser dieser ist, desto niedriger ist der Ruhepuls, desto höher der Maximalpuls und desto schneller sinkt der Puls nach einer Belastung wieder ab.

Wie Sie Ihren Puls messen

Sie können Ihren Pulsschlag, also die Druckwelle, die sich im Blutgefäß ausbreitet, am besten am Hals oder am Handgelenk ertasten. Legen Sie dazu Ihren Mittelfinger, gestützt von Daumen und Ringfinger, entweder seitlich des Kehlkopfs an, oder drücken Sie ganz leicht in die weiche Stelle unmittelbar hinter der Handwurzel auf der Seite des Daumens. Nun brauchen Sie noch eine Uhr mit Sekundenzeiger, um die Pulsfrequenz zu messen. Zählen Sie Ihre Pulsschläge innerhalb von 15 Sekunden und nehmen Sie die Zahl mal 4.

TIPP

Wenn es Ihnen mit dem Laufen ernst ist, schaffen Sie sich am besten eine elektronische Pulsuhr an (Seite 41). Sie misst die Pulsfrequenz immer exakt, zuverlässig und bequem.

Ruhepuls

Für den Läufer sind vor allem drei verschiedene Arten des Pulses von Bedeutung: der Ruhepuls, der Maximalpuls und der jeweilige Belastungspuls.
Den Ruhepuls messen Sie am besten morgens nach dem Aufwachen, noch bevor Sie aufstehen. Bei den meisten Menschen schlägt das Herz in Ruhe etwa 60- bis 80-mal in der Minute. Hochgerechnet ergibt das im Durchschnitt 4200 Herzschläge in der Stunde, über 100 000 am Tag, über 36 Millionen im Jahr. Ausdauersportler haben einen deutlich niedrigeren Ruhepuls. Das

Herz hat sich der Trainingsbelastung angepasst. Es hat mehr Volumen und schlägt mit mehr Druck. Auf diese Weise kann es jede Minute, jede Stunde, jeden Tag, jedes Jahr eine erhebliche Anzahl Pulsschläge einsparen. Ein niedriger Ruhepuls bedeutet so gesehen einen geringeren körperlichen Verschleiß – was im Endeffekt auf eine höhere Lebenserwartung hinausläuft.

Maximalpuls

Mit steigender Belastung steigt auch die Pulsfrequenz. Jeder Mensch hat eine maximale Pulsfrequenz, schneller kann sein Herz nicht schlagen. Der Maximalpuls ist der Puls, mit dem Sie etwa zwei Minuten so schnell wie möglich laufen und am Schluss noch einen Spurt hinlegen.
Jüngere Menschen haben einen höheren Maximalpuls als ältere. Das Herz von fitten und trainierten Sportlern kann schneller schlagen als die Pumpe eines notorischen Stubenhockers. Dazu gibt es eine bekannte Faustregel:

Maximalpuls = 220 minus Lebensalter.

Das stimmt, allerdings nur ungefähr. Ihren persönlichen Wert zu messen ist auf jeden Fall besser, als sich an Faustregeln zu halten. Für das Laufen ist der Maximalpuls deshalb so bedeutend, weil sich die wichtigsten Belastungswerte davon ableiten lassen.

TIPP

Je mehr Erfahrung Sie laufend gewinnen, desto weniger sollten Sie sich in Sachen Maximal- und Belastungspuls auf Faustregeln und Rechenformeln verlassen. Denn nur mit einem Test (siehe rechts) ermitteln Sie Ihren individuellen Wert. Für diesen Test verwenden Sie auf alle Fälle eine Pulsuhr.

Test: Den Maximalpuls ermitteln

Wenn Sie gerade mit dem Laufen beginnen, warten Sie noch ein wenig mit dem Ermitteln Ihres tatsächlichen Maximalpulses. Erst wenn Sie etwas besser in Form sind und 30 Minuten ohne Unterbrechung laufen können, wagen Sie den folgenden Test.

> Wärmen Sie sich gut auf. Laufen Sie anschließend, am besten auf einer Bahn, 800 Meter so schnell Sie können. Traben Sie danach eine Minute lang. Laufen Sie noch einmal 800 Meter so schnell Sie können, und legen Sie über die letzten 100 Meter einen Schlussspurt hin.
> Messen Sie unmittelbar danach Ihren Puls, wenn möglich mit einer Pulsuhr. Das ist Ihr tatsächlicher Maximalpuls.

Belastungspuls

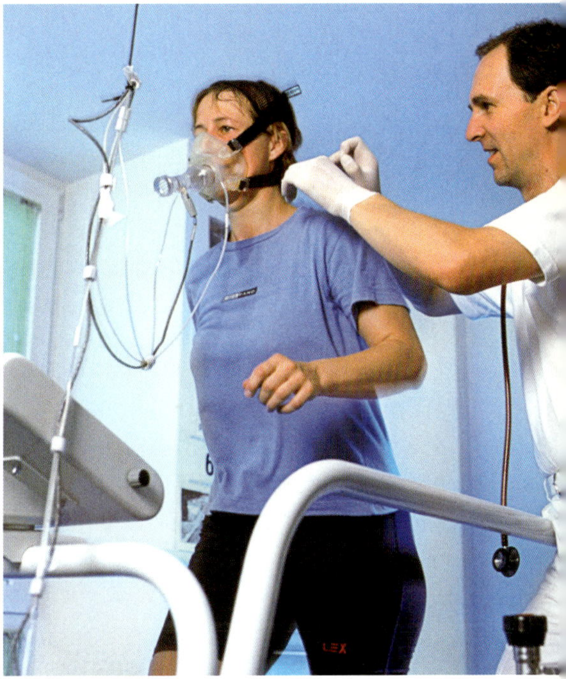
In der Praxis eines gut ausgestatteten Sportarztes können Sie mithilfe eines Belastungstests Ihre aktuellen Fitnesswerte ermitteln, vor allem Ihren Maximalpuls. Ihn zu kennen erleichtert die Belastungssteuerung enorm, denn nun können Sie den Belastungspulswert in Prozent vom Maximalpuls gezielt ansteuern.

Ihr Belastungspuls ist im Grunde nichts anderes als der Puls, den Sie während einer Belastung haben. Stellt sich die Gretchenfrage: Ist es der richtige Belastungspuls für Ihr Trainingsziel, das Abnehmen?

Schon wieder eine Faustregel: Der optimale Belastungspuls beträgt 180 minus Lebensalter. Fragt sich nur: optimal für wen? Hier werden verschiedene Menschen über einen Kamm geschoren, die sehr unterschiedliche Voraussetzungen mitbringen können.

Puls 130 kann zum Beispiel für den einen 50-Jährigen richtig, für den anderen eine Unterforderung, für den dritten sogar schon eine gefährliche Überforderung sein. Es kommt immer auf den Leistungsstand und die Veranlagung des Einzelnen an.

Unter Belastungspuls wird oft auch der optimale Puls für Dauerlauf verstanden, der das ideale Verhältnis zwischen Ausdauertraining und Fettverbrennung garantieren soll. Doch auch dafür ist die Formel 180 minus Lebensalter nur ein Anhaltspunkt. Studien haben ergeben, dass der tatsächlich richtige Belastungspuls deutlich von den Ergebnissen der Formel abweichen kann.

Welcher Belastungspuls ist der richtige?

Das hängt von Ihrem Leistungsstand und Ihren Zielen ab. Wenn Sie laufen, um abzunehmen, haben Sie mehrere Möglichkeiten.

Fettverbrennung in der Gesundheitszone

Sind Sie ungefähr 25 Jahre alt? Dann erstreckt sich Ihre Gesundheitszone von etwa Belastungspuls 100 bis hin zu Puls 140 (siehe Grafik Seite 30). Sind Sie 40 Jahre alt, reicht sie von etwa 90 bis 130, und mit 60 Lenzen sind Sie mit 85 bis 120 Pulsschlägen gut dabei. Sie befinden sich im Sauerstoffüberschuss, Ihr Stoffwechsel nutzt zu etwa 80 Prozent Fett und zu etwa 20 Prozent Kohlenhydrate zur Energiegewinnung. Laufen in der Gesundheitszone stärkt vor allem das Immunsystem, ist aber auch für Abnehmer zur Fettverbrennung bestens geeignet.

Fettverbrennung in der Fitnesszone

Die Fitness- oder aerobe Zone liegt für 25-Jährige zwischen 140 und 160, für 40-Jährige zwischen 130 und 150 und für 60-Jährige zwischen 118 und 138 Pulsschlägen. Wesentliche Effekte in dieser Pulszone: Sie trainieren Ihre Ausdauer, verbessern Ihre Fitness und verbrennen Fett.

Über die richtige Belastung zur optimalen Fettverbrennung streiten sich die Experten. Es gibt jedoch viele, die mit gutem Grund annehmen, dass die Fitnesszone das beste Verhältnis von Aufwand und Ertrag bietet.

Alle Pulsschläge darüber hinaus sollten während Dauerbelastungen für Fitnessläufer und Fettverheizer tabu sein. Wenn Sie mehr als einen kurzen Zwischenspurt von einigen Sekunden in der anaeroben Zone laufen, gehen Sie eine ungesunde Sauerstoffschuld ein. Der Anteil der Fettverbrennung an der Energieversorgung tendiert dann gegen null.

BELASTUNGSPULS – ALTERSGERECHT

Welcher Belastungspuls für Sie ideal ist, hängt von Ihrem Alter und Ihrem Trainingsziel ab. Für Abnehmer gilt: Laufen Sie unterhalb der anaeroben Zone.

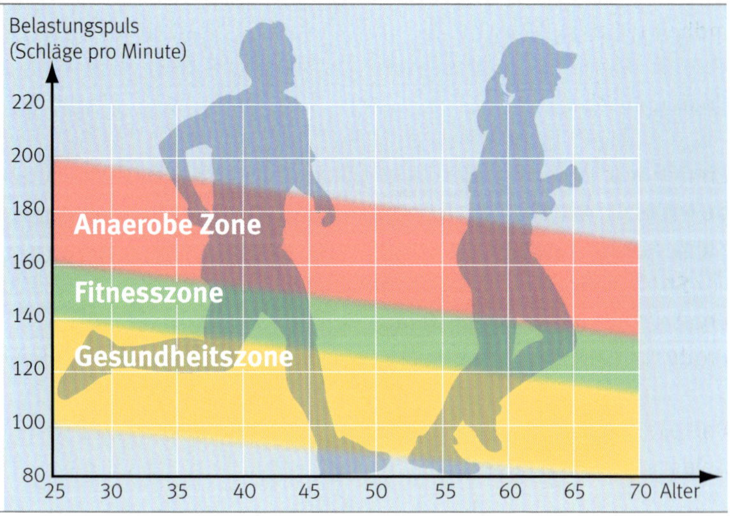

Der Grenzpuls

Der Internist und Orthomolekularmediziner Dr. Ulrich Strunz bezeichnet den optimalen Belastungspuls als »Grenzpuls«. Es ist die Grenze, wo die aerobe Energiegewinnung noch über die anaerobe dominiert, die Grenze zum Laktatwert von 4 mmol/l. Wenn Sie an diese Grenze heranlaufen (der Laktattest beim Sportarzt sagt Ihnen, bei welcher Pulsfrequenz Sie sie erreichen), befinden Sie sich in einem Bereich, in dem Sie, ein wenig Erfahrung vorausgesetzt, stundenlang laufen könnten, ohne zu ermüden, und zugleich optimal Fett verbrennen.

Fettverbrennung und Fettabbau

Sind Fettverbrennung und Fettabbau das Gleiche? Die Frage mutet wie der Streit um des Kaisers Bart an, ist aber Teil der aktuellen Fettverbrennungsdiskussion. Eines steht fest: Wer läuft, verbrennt Fett. Nur – wie viel? Je langsamer Sie laufen, desto mehr

---

TIPP: Den Belastungspuls berechnen

Sie wollen keinen Laktattest machen lassen? Damit Sie trotzdem wissen, wie hoch Ihre individuell beste Trainingsherzfrequenz ist, errechnen Sie sie einfach selbst anhand der Formel des Kölner Sportwissenschaftlers Dr. Dieter Lagerstrøm:

Belastungspuls = Ruhepuls + (220 – ¾ Lebensalter – Ruhepuls) x Trainingszustand

Ermitteln Sie Ihren Ruhepuls, wie auf Seite 27 beschrieben. Rechnen Sie dann zuerst die Klammer aus, anschließend – Punktrechung vor Strichrechnung – multiplizieren Sie das Ergebnis mit Ihrem Trainingszustand. Dieses Produkt addieren Sie zu Ihrem Ruhepuls.

Werte für den »Trainingszustand«:

- 0,60 bis 0,65 bei Untrainierten und Laufanfängern
- 0,65 bis 0,70 bei mittlerem Leistungsniveau
- 0,70 bis 0,75 bei guten Läufern und Leistungssportlern

Beispiel einer 44-jährigen Laufanfängerin mit Ruhepuls 68:
Belastungspuls = 68 + (220 – 33 – 68) x 0,65 = 145,35 (rund 145).

Fett verbrennen Sie zwar im Verhältnis zu Kohlenhydraten (bei Läufen in der Gesundheitszone 80 gegenüber 20 Prozent), der Energieverbrauch insgesamt ist jedoch relativ niedrig. Wer schneller läuft, verbrennt anteilsmäßig etwas weniger Fett, aber der Gesamtenergieverbrauch ist höher. Beim Laufen im Grenzpuls (siehe Seite 31) halten sich Fett- und Kohlenhydrateverbrennung in etwa die Waage (50 zu 50 Prozent), der Energieverbrauch ist jedoch ungefähr doppelt so hoch wie beim Laufen in der Gesundheitszone. Unterm Strich bedeutet das: Wenn Sie Ihr Tempo bis zu Ihrem Grenzpuls steigern, verbrennen Sie am meisten Fett. Danach beginnt die anaerobe Belastungszone – und mit Fettverbrennung während des Laufens ist Schluss.

Im Nachbrenner

Das Fett verläuft sich aber nicht nur in Bewegung, sondern auch die Wiederherstellungsprozesse nach dem Training kosten Ener-

Mit Walking oder Nordic Walking können Sie Ihre Fitness langsam steigern, bis Sie reif fürs Laufen sind. Wichtig bei Nordic Walking: die richtige Handhabung der Stöcke. Im Vorschwung können Sie den Stock am Griff fassen, müssen aber nicht; das hängt ein wenig vom Gehtempo ab. Mit dem Aufsetzen des Stocks lösen Sie den Griff und üben mit dem Handballen während der Zug- und der Druckphase Druck auf die Handschlaufe aus. Heben Sie danach den Stock mit offener Hand vom Boden ab, und führen Sie ihn wieder nach vorn.

gie. Und zwar Energie, die aus dem Fettstoffwechsel gespeist wird. Der wiederum wird mit zunehmendem Leistungsfortschritt immer aktiver und holt sich das nötige Fett aus den Depots. So wird im Zuge der Fettverbrennung Fett abgebaut, Sie werden schlanker – sofern Ihre Ernährung stimmt und Sie insgesamt weniger zu sich nehmen, als Sie verbrennen.

Es kommt also auch auf die Aktivität des Stoffwechsels nach dem Laufen an. Und die lässt sich nachweislich durch Intervalltraining steigern. Darunter versteht man Laufen mit wechselndem Tempo, mit Varianten vom Gehen bis zum Sprint. Das heizt den Nachbrenner so richtig an.

Abnehmen mit System

Wenn Sie noch keine Lauferfahrung haben, sollten Sie nichts überstürzen. Wichtig ist vor allem, dass Sie in Bewegung kommen. Es muss nicht gleich Laufen sein.

Langsam aufbauen

Am Anfang gilt das Prinzip »Wenig, aber häufig«. Starten Sie doch mit einem täglichen Spaziergang. Dehnen Sie anschließend die Spaziergänge zeitlich aus, erhöhen Sie den Umfang. Steigern Sie dann das Tempo während der Spaziergänge – die Intensität –, gehen Sie zum Walking über. Mit zunehmender Fitness bekommen Sie automatisch Lust auf mehr. Nehmen Sie sich dafür die Zeit, die Sie brauchen.

Drei Methoden, drei Wirkungen

Nun sind Sie reif für das Laufen. Packen Sie dieselben Prinzipien wieder aus. Laufen Sie zuerst häufiger, dann länger, dann schneller. Programme, die speziell auf Laufeinsteiger zugeschnitten sind, finden Sie ab Seite 67.

GU-ERFOLGSTIPP

Wenn Sie noch zu schwer sind, um gleich mit dem Laufen zu beginnen, und sich womöglich für Ihre Figur genieren, wählen Sie eine Strategie der kleinen Schritte.

- Beschäftigen Sie sich mit den persönlichen Hintergründen Ihres Übergewichts, und machen Sie sich damit auf den Weg zu mehr Selbstakzeptanz.
- Nehmen Sie Ihre persönlichen Anliegen ernst, und setzen Sie nach und nach immer mehr Dinge in die Tat um, die Sie als richtig erachten. So steigt Ihr Selbstbewusstsein.
- Lernen Sie Ihren Körper (wieder) schätzen, indem Sie aktiv werden. Ihr Körper – das sind Sie!
- Niemand wird Sie schief ansehen, wenn Sie als Übergewichtiger walken, Rad fahren, inlineskaten oder schwimmen. Im Gegenteil, das findet Anerkennung bei allen!

Wie so oft: Viele Wege führen nach Rom. Wenn Sie Fett abbauen wollen, haben Sie die Wahl zwischen drei Trainingsmethoden, die Sie am besten abwechselnd einsetzen, denn Ihr Stoffwechsel reagiert auf verschiedene Reize mit erhöhter Aktivität.

Bevor Sie aber damit anfangen, müssen Sie sich über mehrere Wochen eine gute Grundlagenausdauer geschaffen (Sie packen 30 Minuten ohne Unterbrechung) und einige Erfahrung erlaufen haben. Erst dann sollten Sie diese Trainingsmethoden anwenden:

- Lange Dauerläufe von mindestens 30 Minuten (Könner traben locker zwei Stunden) im Bereich 60 bis 70 Prozent Ihres Maximalpulses.
- Schnellere Läufe im Grenzpulsbereich, im Bereich von 85 bis 90 Prozent Ihres Maximalpulses mit einer Dauer von bis zu 30 Minuten.
- Tempowechselläufe und Intervalle. Zum Beispiel nach dem Warmlaufen für ein bis drei Minuten an ein Belastungsniveau von 85 bis 95 Prozent des Maximalpulses heranlaufen. Danach gehen oder traben Sie, bis Sie sich erholt und fit fühlen für die nächste Tempobelastung. Mindestens fünf solcher Intervalle passen in eine Trainingseinheit.

TIPP: Sorgen Sie für Abwechslung!
Je öfter Sie laufend unterwegs sind, desto bedeutender kann es werden, in den Trainingsalltag ein wenig Variation zu bringen. Das funktioniert nicht nur über verschiedene Trainingsmethoden, sondern auch über die Wahl unterschiedlicher Strecken. So steigen Vorfreude und Lauferlebnis.

Vorsicht vor Instant-Fatburning

Es gibt Publikationsorgane, die sehr rege sind, wenn es um Tipps für den schnellen Fettabbau geht. Die Zielgruppe nimmt es freudig auf. Doch Vorsicht: Zuweilen werden Methoden empfohlen, die quasi aus dem Stand an die Leistungsgrenze heranführen – immer mit dem Versprechen, ganz schnell ganz leicht ganz viel Fett zu verbrennen und abzubauen.

Selbstversuche haben ergeben: Nach solchen Vorgaben zu trainieren ist äußerst anstrengend, von Spaß keine Spur. Mag sein, dass es den Fettabbau begünstigt. Aber wenn überhaupt, dann ist ein solches Programm nur für gut trainierte Läufer geeignet – und die haben ja in aller Regel schon eine schlanke Figur.

Laufanfänger sollten besser die Finger davon lassen. Schließlich hat sinnvolles Laufen noch mehr zu bieten als nur das Gewicht zu reduzieren und Fett abzubauen.

Was das Laufen so wertvoll macht

Früher lagen frisch Operierte auf Station, bis sie sich endlich aufrafften und aufstanden. Heute sorgen Ärzte dafür, dass sie so bald wie möglich in die Sportschuhe kommen. Mit Erfolg: Die Rekonvaleszenz lässt sich durch Laufen deutlich beschleunigen. Und nicht nur das.

> Laufen mildert grünen Star, hilft gegen Neurodermitis und die Lungenkrankheit Mukoviszidose. Ja, selbst im Kampf gegen den Krebs sagt man ihm eine positive Wirkung nach.
> Auch Schmerzpatienten laufen – mit guten Ergebnissen.
> Wer statt einzuschlafen erfolglos Schäfchen zählt, schafft durch Laufen Abhilfe. Nach etwa zwei Monaten Training schlummern Sie weg wie ein Baby.
> Und: Laufen ist schon seit einiger Zeit erfolgreich in Therapien gegen Depressionen und Panikattacken im Einsatz.

Laufen hält vital und gesund

In der Tat hat Laufen einen äußerst positiven Einfluss auf viele Biosysteme des Körpers:

So wirkt es sich sehr günstig auf das Herz-Kreislauf-System aus. Der Blutdruck wird gesenkt, erhöhte Blutfettwerte normalisieren sich wieder. Das Herzvolumen vergrößert sich beträchtlich, unter Umständen bis auf das Doppelte. Dadurch nimmt auch das Schlagvolumen des Herzens zu, der Ruhepuls hingegen sinkt: Beim untrainierten Menschen schlägt das Herz durchschnittlich 70-mal in der Minute, beim Ausdauerläufer nur 40- bis 60-mal, wobei die gleiche Menge Blut durch den Körper gepumpt wird.

Herz und Kreislauf arbeiten durch das Ausdauertraining also wesentlich ökonomischer. Das verhindert unnötigen Verschleiß – und steigert die Lebenserwartung.

Das Atmungssystem profitiert ebenfalls von regelmäßigem Ausdauersport. Laufen kräftigt die Atemmuskulatur; die Atmung wird tiefer und effektiver. Dadurch kann mehr Sauerstoff aufgenommen und die Lunge besser durchblutet werden. Von der Lunge aus transportieren die roten Blutkörperchen den Sauerstoff weiter in alle Körperzellen.

So erhalten auch die »grauen Zellen« wieder mehr Sauerstoff. Die Konzentration verbessert sich, das Gehirn wird leistungsfähiger. Nicht zu vergessen: Das Immunsystem verbessert seine Schlagkraft gegen Krankheitserreger und Krebszellen. Voraussetzung dafür ist allerdings, dass man langsam läuft, im Sauerstoffüberschuss, und weder zu intensiv noch zu umfangreich trainiert.

Gute Laune, Lust aufs Leben

Laufen nützt aber nicht nur dem Körper, sondern auch Geist und Seele profitieren davon.

Den Hormonhaushalt ausgleichen

Wenn Sie gestresst sind – laufen Sie! Körperliche Bewegung ist tatsächlich die einzige Möglichkeit, Stresshormone wie Adrenalin abzubauen. Nach einem Lauf sind Sie wieder mit sich im Reinen.

Laufen senkt auch Ihren Blutzuckerspiegel. Das entlastet die Bauchspeicheldrüse, denn sie muss weniger vom Hormon Insulin in die Blutbahn pumpen, und hilft damit, Typ-II-Diabetes vorzubeugen.

Andere Botenstoffe lassen sich durch Laufen aus der Reserve locken, und zwar solche, denen man eine stimulierende, ja euphorisierende Wirkung nachsagt. Durch leichtes Laufen steigt beispielsweise der Testosteronspiegel an. Dieses männliche Sexualhormon, das auch Frauen im Blut haben, sorgt für innere Dynamik, Lust auf Sex und besseres Durchsetzungsvermögen.

FIT IM KOPF

Sport hält das Gehirn fit. Und das nicht nur in jungen Jahren, sondern auch und vor allem bis ins hohe Alter hinein. Wer körperlich aktiv ist, steigert damit seine geistige Leistungsfähigkeit. Denn Bewegung sorgt nicht nur für eine stärkere Durchblutung der Muskeln, sondern auch des Gehirns. So wird es mit mehr Sauerstoff und Nährstoffen versorgt und kann viel leichter neue Nerven und deren Verknüpfungen und Schaltstellen wachsen lassen. Gedächtnisleistung, Konzentrations- und Reaktionsfähigkeit steigen deutlich messbar an. Aber auch hier gilt: Eile mit Weile, die richtige Sportart ist gefragt, mit der der Körper immer genug Sauerstoff bekommt. Experten raten zu aerobem Ausdauertraining. Mit Laufen sind Sie – mal wieder – auf dem richtigen Weg.

Verschiedene Seelenzustände

Serotonin ist ein Neurotransmitter, ein Botenstoff im Gehirn, der für gute Stimmung sorgt. Er wird bei langsamem Laufen im Bereich von 60 bis 70 Prozent des Maximalpulses verstärkt ausgeschüttet. Bei einem Tempo von 70 bis 80 Prozent des Maximalpulses wird vermehrt ACTH freigesetzt, ein Hormon, das es Ihnen leichter macht, Lösungen für Probleme zu finden, das die Kreativität weckt, den Geist klar und hellwach werden lässt. Und bei 80 bis 93 Prozent des Maximalpulses werden Endorphine ausgeschüttet, die körpereigenen Botenstoffe, die entspannend, schmerzlindernd und sogar euphorisierend wirken.

Je nach Tempo können Sie also verschiedene Seelenzustände anpeilen: von guter Laune über kreative Einfälle bis hin zur Euphorie. Es ist eine interessante Erfahrung, während eines Dauerlaufs etwa im 15-Minuten-Rhythmus je eine Stufe schneller zu werden. Dr. Ulrich Strunz hat hierzu den Begriff von den drei »Gängen der Seele« geprägt.

Runner's High

Der berühmteste Laufeffekt ist zweifellos das »Runner's High«, ein Euphoriezustand, der sich allerdings nicht auf Knopfdruck einstellt. »Am wahrscheinlichsten ist der Euphoriezustand, wenn die Anforderungen dem Leistungsvermögen entsprechen«, sagt Professor Oliver Stoll von der Universität Halle. Voraussetzung für das Runner's High ist, dass man mindestens eine Stunde läuft. Erhöhte Endorphinkonzentrationen werden gemessen, wenn man intensiv, nahe der aerob-anaeroben Schwelle von Laktat 4 mmol/l läuft. Wer das eine Stunde durchhält, ist schon sehr gut trainiert. Es sind aber wohl nicht nur körperliche, sondern auch psychische Faktoren beteiligt. Wer Sport treibt, lenkt sich vom Alltagsstress ab und steigert sein Selbstwertgefühl. Wenn es also mit dem Runner's High nicht gleich oder gar nicht klappen sollte – kein Problem, denn eine Extraportion Psycho-Power bekommen Sie durch Laufen und andere sportliche Aktivität auf alle Fälle quasi kostenlos dazu.

GU-ERFOLGSTIPP

Wann immer es geht, laufen Sie im Freien! Denn die Natur ist Balsam fürs Gemüt.

Klar, auf dem Laufband im Fitnessstudio gibt es keine Wurzeln, über die man stolpern könnte, und die Herzfrequenz lässt sich sehr komfortabel kontrollieren. Naturläufer aber fühlen sich nach dem Lauf deutlich frischer als Hallenläufer. Die Wirkung ist sogar messbar: Naturläufer haben weniger Stresshormon Cortisol und mehr Stimmungsaufheller Noradrenalin im Blut. Im Freien werden alle Sinne angesprochen und schalten auf Empfang – ganz automatisch. In den Bergen, vor Wald-und-Wiesen-Panoramen oder an wilden Flüssen erholen wir uns besser als in miefigen Hallen, bei gleichem Trainingsreiz. Denn in der natürlichen Umgebung fühlt sich der Mensch zu Hause und kann besser entspannen.

HINEIN IN DIE LAUFSCHUHE

... mit den besten Tipps rund ums Laufen: richtig aufwärmen und dehnen, Lauftechnik, optimale Ausrüstung, persönliches Tempo und ideale Laufdauer für den Fettabbau.

Richtig laufen, gesund abnehmen

Sie spüren schon ein leichtes Kribbeln in den Beinen und wollen richtig loslegen? Aber wie ist es um Ihre Fitness bestellt?

Testen Sie Ihre Ausdauer

Eine einfache, aber effektive Methode, die eigene Ausdauer zu testen, ist, nach Zeit zu laufen. Je nachdem, wie viele Minuten Sie in langsamem und gleichmäßigem Tempo durchhalten, dürfen Sie sich in eine der folgenden Leistungsstufen einordnen:

- bis 3 Min.: Untrainierter
- 3 bis 12 Min.: Einsteiger
- 12 bis 30 Min.: Hobbyläufer
- 30 bis 45 Min.: Fortgeschrittener
- über 45 Min.: Fitnesssportler

Die Herzfrequenz ermitteln

Wie fit Sie sind, sagt Ihnen ganz exakt die Messung der Herzfrequenz. Apropos exakt: Den Ruhepuls auf die herkömmliche Art zu ermitteln (Seite 27) ist durchaus sinnvoll, denn er ändert sich während der Messzeit nicht wesentlich. Anders der Belastungspuls. Bliebe man während des Laufens stehen, um 15 Sekunden lang die Pulsschläge zu zählen, würde er sich während des Messens schon wieder etwas verlangsamen – beim einen schneller, beim anderen langsamer. Erhebliche Verfälschungen nach unten wären die Folge. Als Abnehmer bekäme man das Signal, man sei zu langsam unterwegs; läuft man dann aber schneller, bewegt man sich aus der optimalen Fettverbrennungszone hinaus.

Besser mit Gurt

Legen Sie sich daher lieber den Gurt eines Herzfrequenzmessers um den Brustkorb, nachdem Sie dessen Elektroden etwas befeuchtet haben. Diese messen die Impulse, die das Herz auslöst, wenn es sich zusammenzieht. Das Signal wird verstärkt und drahtlos an die Pulsuhr übertragen. Auf deren Anzeige können Sie Ihre Herzfrequenz ablesen – und Ihr richtiges Tempo beibehalten oder bei Bedarf schneller oder langsamer laufen. Ist Ihr Puls höher als beabsichtigt, drosseln Sie das Tempo; liegt er niedriger, können Sie noch einen Zahn zulegen. Wie Sie Ihre ideale Pulsfrequenz für einen Lauf festlegen, erfahren Sie auf Seite 48.

Nie mehr ohne Pulsuhr

Moderne Pulsuhren sind mit allerlei Komfort ausgestattet. Sie können Trainingsbereiche einstellen, innerhalb derer Sie sich bewegen wollen, etwa von Puls 120 bis 140. Über- oder unterschreiten Sie diese Frequenzen, gibt die Uhr mit einem Piepton Laut.

WICHTIG

Es gibt auch Tage, an denen Sie nicht laufen sollten. Beispielsweise dann, wenn Sie krank sind und Fieber haben. Dann gehören Sie ins Bett und nicht auf die Strecke. Wenn Sie unterwegs starke Müdigkeit spüren oder gar Schmerzen, unterbrechen Sie Ihre Aktivität auf alle Fälle. Darüber hinwegzulaufen kann gefährlich werden. Achten Sie vor allem als Einsteiger darauf: Freude geht vor Ehrgeiz!

GU-ERFOLGSTIPP

Verbrauchen Sie mit Laufen und Muskeltraining etwa 2000 Kcal in der Woche zusätzlich! So machen Sie Ihren Körper fit & stark und verbrennen viel Energie. Wenn Sie nun noch eine Spur weniger Kalorien essen, als Sie insgesamt verbrauchen, schaltet der Körper sicher auf Fettabbau um. Ein Beispiel: Ein Mann von 90 kg hat einen Grundumsatz von etwa 2000 Kcal pro Tag, eine 70-kg-Frau 1600 Kcal. Inklusive der Kalorien für Alltagsaktivität verbraucht der Mann pro Woche 20 300 Kcal, die Frau 15 400 Kcal. Dazu kommt der Energieverbrauch beim Sport. Die Kalorienzufuhr sollte nun stets etwas unter dieser Summe liegen. (Berechnen Sie Ihre eigenen Werte unter: www.uni-hohenheim.de/wwwin140/info – »Interaktives«.)

Manche Uhren legen auch automatisch den für Sie an diesem Tag richtigen Trainingspuls fest. Diese Topmodelle können darüber hinaus auch die Pulswerte speichern, um sie nach der Trainingseinheit auf einen Rechner zu überspielen, sie zu dokumentieren, grafisch darzustellen, zu vergleichen und auszuwerten.
Zugegeben: Das ist etwas für Spezialisten. Trotzdem ist die Anschaffung einer Pulsuhr mehr als sinnvoll. Gute, leistungsfähige Modelle gibt es bereits für etwa 75 Euro. Sie werden sehen: Bald wollen Sie ohne Pulsuhr nicht mehr laufen.

Das richtige Maß

Wie Sie am raschesten und einfachsten Ihre Kilos loswerden? Um es vorweg zu sagen: Ein wenig Geduld und Durchhaltevermögen sind schon nötig. Geduld, um nicht gleich zu Beginn zu überziehen und so das Gegenteil zu erreichen. Und Durchhaltevermögen, um dem Körper die Chance zur Umstellung zu geben. Wenn Sie zu Anfang langsam, aber regelmäßig laufen, sich kontinuierlich steigern und dabeibleiben, werden Sie über kurz oder lang das Gewicht unter Kontrolle bekommen.

Mindestens 1000 Kilokalorien

Die Wissenschaft sagt: Wir müssen eine bestimmte Menge Kalorien durch sportliche Aktivität verbrennen, um Gutes für unsere Gesundheit zu tun. Bei mehr als 1000 Kilokalorien pro Woche setzt die positive Wirkung ein. Ein Wert von 2000 gilt als ideal für die Gesundheit – im Durchschnitt. Der richtige Kalorienverbrauch hängt allerdings vom Körpergewicht ab. Der Sportwissenschaftler Dr. Dieter Lagerstrøm empfiehlt einen Aktivitätsverbrauch von täglich mindestens vier, besser sieben Kilokalorien pro Kilogramm Körpergewicht.

Zu viel wäre ungesund

Bei Überlastung kehrt sich der positive Effekt von Sport allerdings um: Dann nämlich schüttet der Körper das Stresshormon Cortisol aus, das das Immunsystem schwächt; kein Wunder, dass viele Leistungssportler sehr infektanfällig sind.

Ihr Energieverbrauch beim Laufen

Während eines langsamen Dauerlaufs (etwa 1 Kilometer in 7 Minuten) verbrauchen Sie je nach Körpergewicht so viele Kilokalorien:

Körpergewicht	10 Min.	30 Min.	60 Min.
50 kg	68	203	405
55 kg	74	223	446
60 kg	81	243	486
65 kg	88	264	527
70 kg	95	284	567
75 kg	101	304	608
80 kg	108	324	648
85 kg	115	345	689
90 kg	121	365	729
95 kg	128	385	770

»No pain, no gain – kein Schmerz, kein Gewinn« oder »Laufen, bis der Arzt kommt«: Das mag für Siege und Rekorde gelten. Für Fitness- und Gesundheitssportler, für Einsteiger und damit auch für Abnehmer gilt: langsam laufen, im Sauerstoffüberschuss, damit der Arzt nicht (mehr) gebraucht wird und die Kilos wie von selbst schmelzen.

So mobilisieren Sie sich vor dem Lauf

Vor dem Aufstehen räkeln wir uns im Bett, machen uns ganz lang, strecken Arme und Beine aus, stehen auf und fühlen uns bereit für den Tag. Dehnübungen sind auch für das Laufen gut – aber hinterher. Sie senken die (Grund-)Spannung des Muskels und sorgen für mehr Beweglichkeit. Bevor Sie loslaufen, sollten Sie sich aktivieren und mobilisieren. Dafür genügt eine Reihe von Übungen, die fast den ganzen Körper ansprechen.

1 Rücken & Beine

2 Rumpf & Seite

In den Endpositionen dürfen Sie ein wenig federn – langsam und im Millimeterbereich. Wiederholen Sie jede Übung ein- bis dreimal.

Wirbelsäule und Beine

1
- Aus dem Stand mit hüftbreiten Beinen beginnen Sie vom Hals abwärts, langsam die Wirbelsäule einzurollen. Beugen Sie die Beine so weit, dass bei einem Kniewinkel von etwa 90 Grad Ihre Hände den Boden berühren und der Rumpf fast zwischen die Beine gleitet.
- In der Gegenbewegung strecken Sie langsam die Beine und richten den Oberkörper Wirbel für Wirbel wieder auf. Nehmen Sie immer mehr Spannung auf, bis Sie in der Ausgangsstellung Beine, Bauch und Po spüren.
- Heben Sie nun die Arme seitlich hoch, und stellen Sie sich langsam auf die Zehenspitzen. Fassen Sie am höchsten Punkt Ihre Hände und schieben Sie sie aus den Schultern heraus möglichst weit nach oben.

Rumpf und Körperseite

- Heben Sie aus dem Stand mit hüftbreiten Beinen beide Arme und fassen Sie mit einer Hand die andere am Handrücken. Ziehen Sie den Bauch ein; nehmen Sie Spannung im Gesäß auf.

2
- Neigen Sie den Rumpf zur Seite, bis Sie eine leichte Dehnung spüren. Nach wenigen Sekunden kehren Sie zur Ausgangsstellung zurück.
- Wiederholen Sie den Ablauf zur anderen Seite.

Oberschenkel und Hüfte

- Stellen Sie aus dem Stand einen Fuß zu einem weiten Ausfallschritt exakt nach vorn.

3
- Beugen Sie langsam das vordere Bein, stützen Sie sich dabei mit beiden Händen auf dem Oberschenkel ab und halten Sie den Rücken gerade. Beugen Sie das vordere Bein weiter, bis das Knie des hinteren leicht den Boden berührt.

› Halten Sie diese Position wenige Sekunden lang und kehren Sie dann wieder langsam in die Ausgangsstellung zurück.

› Führen Sie nun die Übung zur anderen Seite aus.

Oberschenkel und Wade

› Stellen Sie im Stand ein Bein etwa 50 Zentimeter nach vorn, und ziehen Sie die Zehenspitzen des vorderen gestreckten Beines an.

4 › Beugen Sie nun das hintere Bein, neigen Sie zugleich den Oberkörper bei geradem Rücken nach vorn, bis Sie eine leichte Dehnung an der Hinterseite des Oberschenkels spüren. Stützen Sie sich mit den Händen auf dem Oberschenkel ab.

› Halten Sie diese Position einige Sekunden; Sie dürfen ganz leicht federn. Kehren Sie dann in die Ausgangsstellung zurück.

› Wiederholen Sie die Übung zur anderen Seite.

Es kann losgehen

Mit den Mobilisationsübungen haben Sie Ihrem Körper signalisiert: »Gleich geht's los.« Er hat bereits reagiert, ein paar Aktivierungshormone in die Blutbahn geschickt, die Muskelspannung erhöht, den Herzschlag beschleunigt. Sie fühlen sich warm und wach – der Körper signalisiert damit: »Ich bin bereit!«

TIPP: Muskelkrämpfen vorbeugen

Achten Sie darauf, dass Sie vor jedem Lauf genug trinken (0,4 bis 0,5 Liter), und beginnen Sie nie zu schnell. Überlasten Sie sich nicht. Das hilft, Muskelkrämpfen vorzubeugen. Sollte es dennoch einmal passieren, versuchen Sie, den verkrampften Muskel vorsichtig zu dehnen. Bei Wadenkrampf beispielsweise setzen Sie sich mit ausgestreckten Beinen hin; heben Sie das verkrampfte Bein etwas an und bitten Sie einen Partner, Ihre Fußspitze nach oben zum Körper hin zu drücken.

3 Oberschenkel & Hüfte

4 Oberschenkel & Wade

Lauftechnik, Laufstil

»Laufen kann doch jeder.« Dieser Satz stimmt nicht ganz. Selbst bei der natürlichsten Sache der Welt kann man einiges falsch machen. Es kommt auf die günstigste Körperhaltung, die richtige Bein- und Armbewegung sowie auf die beste Abrollbewegung des Fußes an – das Ganze optimal koordiniert. Über die beste Abrollbewegung des Fußes streiten sich allerdings die Experten.

Viele kleine Flüge

Laufen unterscheidet sich vom Gehen durch die Flugphase. Bei jedem Schritt sind einen kurzen Moment lang beide Füße in der Luft. Danach landen wir, stützen während der Vorwärtsbewegung kurzzeitig mit dem ganzen Fuß, rollen nach vorn zum Ballen und drücken uns anschließend zur nächsten Flugphase wieder ab.
Die Flüge dürfen jedoch nicht zu hoch hinaus führen. Laufen ist eine Vorwärtsbewegung. Da stört unnötiges Auf und Ab nur. Außerdem: Je höher Sie fliegen, desto tiefer fallen Sie – und das müssen Sie alles wieder abfangen, während des Laufens. So vergeuden Sie Energie.

DIE RICHTIGE HALTUNG

- Laufen Sie gleichmäßig. Zu große Schritte bremsen eher.
- Halten Sie den Oberkörper aufrecht und je nach Tempo leicht nach vorn geneigt.
- Ihr Kopf ruht aufrecht auf dem Hals, schauen Sie geradeaus.
- Entspannen Sie die Schultern, und halten Sie sie ruhig.
- Die Arme schwingen im Schultergelenk parallel zum Körper mit.
- Ihre Ellenbogen sind etwa im rechten Winkel gebeugt, die Hände leicht offen. So vermeiden Sie unnötige Verkrampfungen.

Schrittlänge

Wenn Sie beim Laufen versuchen, durch weites Voranstellen des vorderen Beines Raum zu gewinnen, dann machen Sie schlicht zu große Schritte: Sie landen mit Ihrem Fuß zu weit vor dem Körperschwerpunkt und bremsen so den Schwung wieder ab, der durch die Vorwärtsbewegung entstanden ist. Für jeden nächsten Schritt müssen Sie wieder mehr Kraft aufwenden. Bringen Sie deshalb Ihren Fuß genau unter Ihrem Körperschwerpunkt, etwas vor der Körperquerachse, zum Landen auf den Boden. Dann haben Sie die für Sie beste Schrittlänge gewählt.
Für Einsteiger gilt, dass sie mit kleinen Schritten zu laufen beginnen sollten.

Aufsetzen des Fußes

So weit die Füße tragen, gibt es verschiedene Ansichten, welche Art die beste – schnellste, ökonomischste, orthopädisch sinnvollste – ist, den Fuß beim Laufen aufzusetzen und abzurollen. Jede hat Vor- und Nachteile, die beim einzelnen Läufer unterschiedlich stark ausgeprägt sein können.

Fersenlauf

Der Fuß setzt mit der Fersenaußenseite auf. Danach senkt er sich und dreht sich nach innen, bis die ganze Fußsohle aufliegt. Anschließend rollt der Fuß zum Abdruck über den Großzehenballen nach vorn. Der Fersenlauf kommt vor allem bei längeren Strecken zum Einsatz.

Ballenlauf

Beim Ballen- oder Vorfußlauf findet der erste Bodenkontakt mit dem Fußballen statt. Darauf senken sich nacheinander Mittelfuß und Ferse extrem kurz bis zum Boden, um zum Abstoß gleich wieder zum Großzehenballen hin abzurollen. So laufen die Sprinter – und wir, barfuß auf der Wiese.

Mittelfußlauf

Bei dieser Variante landen Sie auf dem mittleren äußeren Fußrand. Dann senken Sie die Ferse ab und stellen den Fuß auf die ganze Sohle. Nun rollen Sie zum Abstoß über den Großzehenballen nach vorn.

Alle drei Lauftechniken sind nebeneinander gültig. Wer keinerlei Beschwerden hat, muss seinen Laufstil nicht verändern. Es hat sich allerdings herausgestellt, dass Menschen, die oft längere Strecken auf dem Ballen laufen, häufig über Probleme mit den Achillessehnen und über Muskelverletzungen klagen. Starke Fersenläufer wiederum beanspruchen ihre Knochen und Gelenke mit jedem Schritt enorm. Das kann auf die Dauer schmerzhaft sein. Dem Mittelfußlauf sagt man nichts Schlechtes nach. Er ist für Einsteiger und Abnehmer vermutlich die beste Lösung.

TIPP

Trotzen Sie den Diskussionen um die beste Lauftechnik. Werden Sie nicht einseitig, wechseln Sie zwischen Ballen-, Fersen- und Mittelfußlauf. Am einfachsten ist das im Gelände.
Mit ein bisschen Lauferfahrung können Sie die Technik hügelauf (Ballenlauf), hügelab (Fersenlauf) und in der Ebene (Mittelfußlauf) variieren.

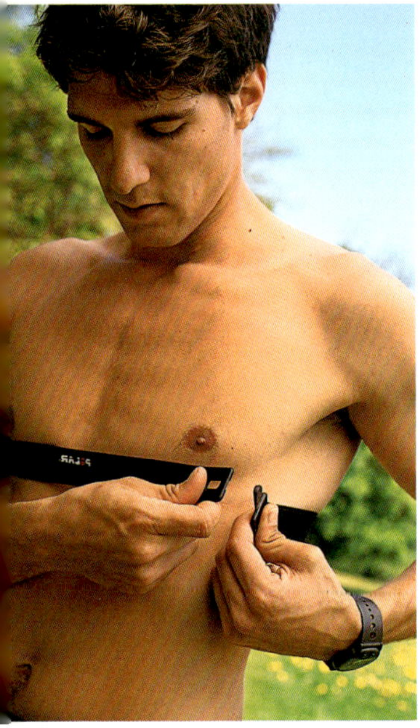

Tragen Sie beim Laufen eine Pulsuhr, um Ihren Belastungspuls zu kontrollieren. Der dazugehörige Brustgurt misst die minimalen elektrischen Ströme, die Ihr Herz mit jedem Schlag aussendet, und funkt sie zur Uhr am Handgelenk. Befeuchten Sie die Elektroden des Brustgurtes etwas, und legen Sie ihn so an, dass sein Zentrum an das Ende des Brustbeins anschließt.

Tempo und Atmung

Sportwissenschaftler haben durch Tests herausgefunden: Zwei Drittel aller Läufer ohne Pulsuhr schätzen ihr Tempo falsch ein. Sie laufen zu schnell, hinein in den anaeroben Bereich mit Laktatwerten über 4 mmol/l (Seite 25) – in den Bereich, in dem keine Fettverbrennung mehr stattfindet und der Körper stattdessen Stresshormone ausschüttet, die das Immunsystem schwächen.

Der Puls macht's

Ob Ihr Lauftempo richtig ist, drückt sich in seiner Wirkung aus: dem Laktatwert und dem Belastungspuls. Anders gesagt: Laufen Sie so schnell – oder so langsam –, dass Ihre Puls- und Laktatwerte stimmen.

Zum Abnehmen: Dauerlauf

Sie laufen, um abzunehmen? Dann gibt es für Sie, vor allem als Einsteiger, nur zwei akzeptable Tempi: den langsamen Dauerlauf (etwa 65 Prozent der maximalen Herzfrequenz bei einem Laktatwert von weniger als 1,5 mmol/l) und den normalen Dauerlauf (bis 80 Prozent der maximalen Herzfrequenz bei etwa 1,5 bis 2 mmol/l). Beide sind ideal für Gesundheit, Fitness und Abnehmen, denn das Immunsystem wird angeregt, und Energie gewinnt der Körper fast ausschließlich über den aeroben Fettstoffwechsel. So verlieren Sie Kilo für Kilo, und das Laufen fällt Ihnen immer leichter.

Kennen Sie Ihren Maximalpuls?

Damit Sie im richtigen Tempo laufen, müssen Sie den jeweils für Sie gültigen Belastungspuls kennen, der vom individuellen Maximalpuls abgeleitet wird. Den sollten Sie aber, wie schon gesagt, erst dann mit einem Testlauf ermitteln, wenn Sie schon etwas trainiert sind. Bis dahin genügt eine Formel. Die einfachste lautet: 220 minus Lebensalter – ein grober Richtwert. Besser: Rechnen Sie den für Sie gültigen Maximalpuls nach der Formel im Kasten rechts aus. Das Ergebnis ist ein ausreichend verlässlicher Wert für die ersten Wochen.

Wenn Sie schon ein paar Laufwochen hinter sich haben, überprüfen Sie das Ergebnis aus der Formelrechnung anhand der Wirklichkeit. Messen Sie Ihren tatsächlichen Maximalpuls, wie auf Seite 28 beschrieben.

Der optimale Belastungspuls für den Einstieg

Laufen in einem Tempo, das einen Belastungspuls von 65 bis 80 Prozent der maximalen Herzfrequenz zur Folge hat – das ist richtig für Fettverbrenner in den ersten Monaten. Beim Ermitteln des Belastungspulses hilft die Tabelle auf Seite 50.
Fangen Sie ganz langsam an: Langsame Dauerläufe sorgen dafür, dass Sie nicht außer Atem kommen und den Spaß behalten.
Auch der Stoffwechsel braucht etwas Zeit, um auf vermehrte Fettverbrennung umzuschalten. Aber Geduld zahlt sich aus: Sie laufen zurück zu Ihrer Figur.
Langsame Dauerläufe regen außerdem das Immunsystem an, stärken Herz und Kreislauf und setzen den Glücksbotenstoff Serotonin im Gehirn frei.

Steigerungslauf

Aber keine Regel ohne Ausnahmen! Erlaubt, ja sogar sinnvoll schon in den ersten Wochen ist ein gelegentlich eingestreuter Steigerungslauf: Beschleunigen Sie aus dem Dauerlauf über 40 bis 50 Meter auf eine zügige Geschwindigkeit. Achten Sie darauf, dass Sie die Knie mehr und mehr bis in Hüfthöhe heben und den Fuß zum Abdruck unter Ihrem Körperschwerpunkt aufsetzen. Trudeln Sie danach locker aus, und kehren Sie in Ihr ursprüngliches Lauftempo zurück.
Ein solcher Steigerungslauf hat mehrere Effekte: Sie verbessern Ihre Lauftechnik und -koordination. Sie sorgen dafür, dass Sie nicht in einen festen Trott verfallen. Und Sie regen durch Leeren der Kohlenhydratkurzzeitspeicher Ihren Stoffwechsel an. Wenn Sie beispielsweise schon 30 Minuten ohne Pause laufen können, sind ein Steigerungslauf nach 10 und ein weiterer nach 20 Minuten sinnvoll. Danach drosseln Sie das Tempo deutlich, bis Sie sich ausreichend erholt fühlen, um den Dauerlauf fortzusetzen.

EINE FORMEL FÜR DEN MAXIMALPULS

Solange Sie Ihren Maximalpuls noch nicht durch einen Testlauf ermitteln können, rechnen Sie ihn nach dieser Formel aus:

210
– ½ Alter in Jahren
– 11 Prozent des Körpergewichts in Kilogramm
+ 4 (für Männer) oder
+ 0 (für Frauen)
= Maximalpuls

Belastungspulse in Prozent des Maximalpulses

Maximalpuls	60 %	65 %	70 %	75 %	80 %	85 %	90 %
200	120	130	140	150	160	170	180
198	119	129	139	149	158	168	178
196	118	127	137	147	157	167	176
194	116	126	136	146	155	165	175
192	115	125	134	144	154	163	173
190	114	124	133	143	152	162	171
188	113	122	132	141	150	160	169
186	112	121	130	140	149	158	167
184	110	120	129	138	147	156	166
182	109	118	127	137	146	155	164
180	108	117	126	135	144	153	162
178	107	116	125	134	142	151	160
176	106	114	123	132	141	150	158
174	104	113	122	131	139	148	157
172	103	112	120	129	138	146	155
170	102	111	119	128	136	145	153
168	101	109	118	126	134	143	151
166	100	108	116	125	133	141	149
164	98	107	115	123	131	139	148
162	97	105	113	122	130	138	146
160	96	104	112	120	128	136	144
158	95	103	111	119	126	134	142
156	94	101	109	117	125	133	140
154	92	100	108	116	123	131	139
152	91	99	106	114	122	129	137
150	90	98	105	113	120	128	135

Richtig atmen

Für den langsamen Dauerlauf ist eine regelmäßige Atmung empfehlenswert, zum Beispiel: über drei Schritte einatmen und über drei Schritte ausatmen. Konzentrieren Sie sich auf vollständiges Ausatmen. Je mehr Sie ausatmen, desto mehr atmen Sie nachher auch wieder ein. Auf diese Weise ist der notwendige Luftaustausch in der Lunge gewährleistet.

Wie oft, wie lange, wann trainieren?

Darauf gibt es keine allgemein gültige Antwort. Wie oft, wie lange und zu welcher Tageszeit Sie laufen sollten, hängt von Ihrem Leistungsstand und Ihren Lebensumständen ab – zum Beispiel davon, wann Sie Zeit haben und wo Sie wohnen.

Einsteiger: zwei- bis dreimal pro Woche

Wie ist Ihr Ausdauertest auf Seite 40/41 ausgegangen? Sind Sie Untrainierter (weniger als drei Minuten) oder Einsteiger (drei bis zwölf Minuten)? Dann absolvieren Sie ein Gewöhnungsprogramm für Laufanfänger, das aus einem Wechsel aus Gehen und Laufen besteht. Steigern Sie zuerst die Häufigkeit Ihrer Aktivität von zweimal pro Woche auf dreimal. Beim Einstieg müssen sich Herz-Kreislauf-System und Bewegungsapparat der neuen Belastung anpassen. Deshalb ist mindestens ein Tag Pause zwischen zwei Läufen in den ersten drei Monaten sinnvoll.

Fortgeschrittene: allmähliche Steigerung

Dasselbe wie für Einsteiger gilt im Grunde für Hobbyläufer (Testergebnis zwischen 12 und 30 Minuten) sowie für Fitnesssportler (Testergebnis zwischen 30 und 45 Minuten). Laufen Sie Ihre Testzeit zunächst zweimal, dann dreimal, Fitnesssportler bald viermal in der Woche. Erhöhen Sie erst dann die Laufzeit. Achten Sie nun auch darauf, dass Sie etwa 2000 Kilokalorien in der Woche oder mindestens vier Kilokalorien pro Kilogramm Körpergewicht täglich mit Bewegung/Laufen verbrennen (siehe Tabelle Seite 43). Das ist für Ihre Gesundheit am besten.

TIPP: Seitenstechen

Wenn Sie während des Laufens Seitenstechen bekommen, halten Sie an. Drücken Sie mit der Hand fest auf die schmerzende Stelle, und atmen Sie mehrmals kräftig ein und langsam aus. Oder heben Sie den Arm und strecken Sie ihn, während Sie den Rumpf zur Seite neigen, über dem Kopf weit zur anderen Körperseite hin.
Um Seitenstechen vorzubeugen, sollten Sie Ihren Lauf nicht zu schnell beginnen und auf ruhige, gleichmäßige Atmung achten.

Solange Sie können und wollen

Zunächst ist dem »Wie lange?« durch Ihren Leistungsstand eine Grenze gesetzt. Je besser Sie werden, je mehr Sie abgenommen haben, desto längere Laufzeiten sind möglich. Unter Könnern sind zwei Stunden langsamer Dauerlauf keine Besonderheit.

Früher galt: Erst ab einer Belastungsdauer von 30 Minuten wird die Fettverbrennung eingeschaltet. Das ist lange überholt. Fett wird immer verbrannt, selbst in Ruhe. Von der ersten Bewegungsminute an also ist der Energiestoffwechsel mit Fettsäuren in Betrieb. Nur wenn man zu schnell läuft, wird er abgeschaltet. Wie lange Sie nun laufen, hängt von Ihren Neigungen ab.

TIPP: Muskelkater
Wenn Sie Ihre Muskulatur beim Laufen überstrapazieren, kann das zu Kleinstverletzungen in den Muskelfasern führen – die Ursache für einen Muskelkater. Behandeln Sie ihn am besten mit durchblutungsfördernden Maßnahmen: Beschränken Sie sich ein paar Tage auf sehr leichtes Training, gönnen Sie sich Warm- und Wechselbäder, Saunagänge oder sanfte Massagen.

Überforderung schadet

Die Dauer Ihrer Läufe sollte mit der Laufhäufigkeit in einer guten Relation stehen. Hier tauchen die etwa, je nach Körpergewicht, 2000 Kilokalorien in der Woche – oder mindestens vier Kilokalorien pro Kilogramm Körpergewicht pro Tag – wieder auf, die wir verbrennen sollten, um gesund Sport zu treiben. Wenn Sie dieses Maß deutlich überschreiten, laufen Sie Gefahr, sich zu überfordern. Ihr Körper kann sich nicht mehr genug erholen, Sie werden schwächer statt besser, im schlimmsten Fall sogar krank.

Die Tabelle auf Seite 43 zeigt Ihnen, wie viele Kalorien pro Zeit Sie mit langsamem Dauerlauf verbrennen. Ermitteln Sie die in Ihrer Laufzeit verbrannten Kilokalorien, und multiplizieren Sie den Wert mit Ihrer Laufhäufigkeit in der Woche. So finden Sie heraus, ob Sie zu wenig, zu viel oder gerade richtig gelaufen sind.

Die richtige Tageszeit

Es gibt natürlich immer einmal Termine, die sich absolut nicht verschieben lassen. Trotzdem: Zeit hat man nicht, man muss sie sich nehmen.

Morgens oder nachmittags zu laufen ist optimal. Andere Tageszeiten sind für das Laufen hingegen weniger geeignet. Am Mittag sackt der Körper in ein Leistungstief. Dann sollte man ihm ein kurzes Schläfchen gönnen. Mittlerweile hat es sich sogar schon in Firmen herumgesprochen, dass ein »Kraft-Kurzschlaf« die Lebensgeister wieder weckt und die Arbeitsleistung am Nachmittag steigert. Wer nach 19 Uhr noch unterwegs ist, muss damit rechnen, schlechter einzuschlafen; denn Laufen macht wach.

Auf nüchternen Magen

Also: Warum nicht gleich morgens mit dem krähenden Hahn aus den Federn springen, hinein in die Laufschuhe und los? Für Abnehmer hat das Laufen vor dem Frühstück einen besonderen Effekt: Die letzte Nahrungsaufnahme liegt schon Stunden zurück, die einfachen Zuckerbausteine im Blut sind weitgehend aufgezehrt, die Depots sind angefressen. Der Körper muss jetzt viel schneller und in größerem Maße an die Fettsäuren heran, um Energie zu gewinnen. Der Nüchternlauf hat aber noch mehr zu bieten: Luft und Atmosphäre sind klar und rein, Elan und Motivation noch nicht vom Tagesgeschäft gebremst.

Morgens locker, nachmittags intensiver

Leistungssportler trainieren in der Regel zweimal am Tag. Morgens lassen sie es etwas ruhiger angehen, denn dann ist das Immunsystem empfindlicher. Aber keine Sorge: Wer sich nicht überanstrengt, ist außer Gefahr.

Am späten Nachmittag freut sich der Körper auf Aktivität; dann ist Training am effektivsten. Zu dieser Zeit haben sich außerdem einige Stresshormone in Ihren Zellen breit gemacht, denen es gut tut, verlaufen zu werden.

Auf sicherem Boden

Wenn Sie die Möglichkeit dazu haben, gehen Sie zum Laufen in den Wald, oder laufen Sie auf Wiesen, am besten in der Nähe eines Baches oder Sees. Natürliche Landschaften sind eine Erholung fürs Gemüt. Weicher Waldboden schont zudem die Gelenke. Andererseits muss selbst harter Asphalt kein Nachteil sein. Alles eine Frage der Qualität Ihres Laufschuhs – dazu gleich mehr ab Seite 62. Auf Asphalt können Sie auch bei Regen problemlos laufen, während glitschige Wald-, Feld- oder Wiesenböden eine Rutschgefahr bergen.

GU-ERFOLGSTIPP

Wenn Sie morgens nüchtern laufen, sind Ihre Glykogenspeicher (Einfachzucker, Seite 13) leer. Dem Stoffwechsel reichen aber die Fettsäuren allein nicht – er bedient sich, wenn er keinen Zucker kriegt, bei den Aminosäuren, den Eiweißen. Die werden jedoch für Muskulatur und Immunsystem gebraucht und sollten keinesfalls verheizt werden.
Trinken Sie also vor dem Loslaufen beispielsweise ein Glas Apfelschorle (1 Teil Saft, 2 Teile Wasser). Und laufen Sie mindestens 30, aber nicht länger als 60 Minuten, um das aufgenommene Glykogen nicht vollständig zu verbrauchen.

1 Waden außen

2 Waden innen

Nach dem Lauf: Dehnen und entspannen

Genauso, wie Sie sich vor jedem Lauf mit etwas Gymnastik mobilisiert haben, sollten Sie hinterher die Muskeln dehnen und dadurch den gesamten Körper entspannen. Auf diese Weise erholen Sie sich schneller. Mit der Erholung setzt der Trainingseffekt rascher ein, der Körper baut die verbrauchte Energie über das vorherige Maß hinaus wieder auf – und Sie sind bald wieder fit.

Die Dehnbarkeit eines Muskels ist im Übrigen neben seiner Kraft sein zweiter leistungsbestimmender Faktor. Wenn wir einen oft gebrauchten Muskel nicht ausreichend dehnen, verkürzt er sich. Das kann zu erheblichen Gelenkschmerzen führen.

Es ist nicht notwendig, sich sofort nach dem letzten Laufschritt daranzumachen, die Muskeln zu dehnen. Gehen Sie lieber noch einige Schritte gemütlich, bis Ihr Atem sich beruhigt hat. Sie können auch erst einmal nach Hause fahren bzw. ins Haus hineingehen, wenn Sie ohnehin von zu Hause losgelaufen und nun dort wieder angekommen sind.

Das folgende Dehnprogramm ist so zusammengestellt, dass Sie die ersten sieben Übungen im Stand – auch im Freien – machen können. Die darauf folgenden fünf Übungen dienen zum Vertiefen der Entspannung im Liegen. Als Unterlage empfiehlt sich ein Teppich oder eine Matte.

Die Dehnung halten

Zum Mobilisieren war leichtes Federn oder Wippen erlaubt, beim Dehnen ist es absolut tabu. Wenn wir einen Muskel zu schnell auseinander ziehen, wehrt er sich und zieht sich zusammen.

- Richtig machen Sie es, wenn Sie sich langsam an den Dehnpunkt herantasten, dort halten und nach etwa 20 Sekunden ein wenig den Zug verstärken. Dann hat der Muskel an Eigenspannung nachgelassen und lässt sich noch ein bisschen weiter dehnen.
- Insgesamt sollten Sie die Dehnung mindestens 30 Sekunden lang halten.
- Seien Sie beim Dehnen ganz still und fühlen Sie in sich hinein. Genießen Sie die Entspannung, die sich in Ihnen ausbreitet.

Dehnen und entspannen im Stehen

Bei allen folgenden Übungen sollen immer beide Körperseiten gedehnt werden – jeweils 30 Sekunden lang.

Wadenmuskulatur außen

› Stützen Sie sich mit den Händen in Schulterhöhe gegen eine Wand oder in Hüfthöhe gegen ein Geländer.

1 › Führen Sie aus dem Stand ein Bein nach hinten. Stellen Sie den Fuß auf dem Ballen auf, strecken Sie das hintere Bein und drücken Sie gleichzeitig die Ferse zum Boden. Ihr gestrecktes Bein und Ihr gerader Rücken bilden eine Linie.

Wadenmuskulatur innen

› Stützen Sie sich mit den Händen in Schulterhöhe gegen eine Wand oder in Hüfthöhe gegen ein Geländer.

2 › Führen Sie aus dem Stand ein Bein nach vorn. Verlagern Sie den größten Teil Ihres Körpergewichts auf das vordere Bein. Beugen Sie das hintere Bein so, dass Ihr Knie sich genau über der Fußspitze befindet und die Ferse fast abhebt.

Oberschenkelvorderseite

› Beugen Sie aus dem Stand ein Bein im Kniegelenk, heben Sie den Fuß nach hinten an und fassen Sie ihn mit der Hand.

3 › Ziehen Sie die Ferse zum Gesäß, und schieben Sie die Hüfte etwas vor. Spannen Sie Ihr Gesäß an, und halten Sie die Oberschenkel parallel. Um stabiler zu stehen, halten Sie sich fest.

Oberschenkelrückseite

› Stellen Sie aus dem Stand ein Bein zum Ausfallschritt nach vorn. Neigen Sie den Oberkörper zum vorgestellten, gebeugten Bein, und umschlingen Sie es mit den Armen.

4 › Verlagern Sie Ihr Körpergewicht auf das hintere Bein, das Sie zugleich beugen, und strecken Sie das vordere Bein, das Kontakt zum Rumpf behält.

3 Oberschenkel vorn

4 Oberschenkel hinten

Hüftbeuger

› Stellen Sie aus dem Stand ein Bein zum Ausfallschritt nach vorn.

5 › Beugen Sie bei aufrechtem Oberkörper beide Beine so, dass das vordere Bein auf ganzem Fuß stehend stark und das hintere Bein auf dem Fußballen stehend leicht gebeugt ist.

Hüftbeuger und Gesäß

6 › Heben Sie aus dem Stand ein Bein bei gebeugtem Knie an, und fassen Sie es mit beiden Händen in Höhe des Knies. Ziehen Sie das Bein möglichst weit nach oben zur Brust. Das Standbein soll gestreckt, der Rücken gerade sein.

Rumpf und Körperseite

› Führen Sie aus dem Stand mit hüftbreiten Beinen einen Arm nach oben, die Hand des anderen Armes legen Sie mit der Handinnenfläche auf Ihren Bauchnabel.

7 › Ziehen Sie den Bauch ein, und nehmen Sie Spannung im Gesäß auf. Neigen Sie nun Ihren Rumpf exakt zu einer Seite.

5 Hüftbeuger

6 Hüftbeuger und Gesäß

7 Rumpf und Körperseite

8 Tiefer Rücken

9 Oberschenkelrückseite

Dehnen und entspannen im Liegen

Tiefer Rücken

› Umfassen Sie in Rückenlage Ihre gebeugten Beine an der Rückseite der Oberschenkel, und verschließen Sie die Hände.

8 › Nehmen Sie langsam das Kinn auf die Brust, und strecken Sie die Beine.

Oberschenkelrückseite

› Führen Sie aus der Rückenlage einen Oberschenkel in Richtung Brustkorb. Umfassen Sie ihn mit beiden Händen bei der Kniekehle.

9 › Ziehen Sie den Oberschenkel zur Brust heran, und strecken Sie das zuvor gebeugte Bein im Kniegelenk so weit wie möglich.

WICHTIG!
Seitenwechsel nicht vergessen! Dehnen Sie immer beide Seiten – jeweils 30 Sekunden lang.

Hüftbeuger 1

› Umfassen Sie in Seitenlage mit der oben liegenden Hand das Knie Ihres unteren, in Hüfte und Knie gebeugten Beines. Der Kopf ruht auf dem unteren, ausgestreckten Arm. Ihr oberes

10 Hüftbeuger 1

11 Hüftbeuger 2

Bein liegt, im Kniegelenk etwa 90 Grad gebeugt, auf dem Boden.

10 › Ziehen Sie mit der Hand Ihr unteres Bein ganz dicht zu sich heran, und strecken Sie das obere Bein kräftig im Hüftgelenk.

WICHTIG: Das Becken darf weder nach vorn noch nach hinten ausweichen.

Hüftbeuger 2

› Aus der Seitenlage mit 90 Grad gebeugten Knie- und Hüftgelenken fassen Sie mit der oberen Hand den Fußrücken des oberen Beines, dessen Oberschenkel Sie parallel zum Boden halten. Zur Sicherung der Beckenposition ziehen Sie das untere Bein an den Oberkörper heran. Der Kopf ruht auf dem unteren, ausgestreckten Arm.

11 › Ziehen Sie das obere Bein in die Hüftgelenksstreckung und die Ferse zum Gesäß.

Adduktoren

› Beugen Sie aus der Rückenlage zunächst beide Beine. Fassen Sie mit einer Hand ein Kniegelenk auf derselben Seite, und ziehen Sie das Bein in eine deutliche Hüftgelenksbeugung.

12 › Strecken Sie das andere Bein, und führen Sie es zur Seite. Durch den Zug der Hand halten Sie Ihr Becken in der Ausgangsstellung. Lassen Sie das gestreckte Bein in Abspreizstellung sinken.

12 Adduktoren

Wenn die Laune nicht mitspielt

Den Einstieg ins Laufen zu schaffen ist für die meisten gar nicht so schwer. Irgendwann aber kommt für jeden der Punkt, an dem die Begeisterung nachlässt und es einen mit Macht zurück auf die Couch zieht. Was Sie dann brauchen, sind …

- klare und erreichbare Ziele,
- einen verbindlichen (Zeit-)Plan, wie die Ziele erreicht werden sollen,
- eine Menge guter und schnell verfügbarer Argumente gegen die gängigsten Ausreden,
- eine Portion Geduld und Durchhaltevermögen.

Es kann bis zu einem Jahr dauern, bis sich der innere Schweinehund dauerhaft geschlagen gibt, man nicht mehr gegen die eigene Trägheit ankämpfen muss und die guten Vorsätze zu einer Verhaltensänderung geführt haben.

Du bist, was du denkst

Die Motivation, durch Laufen abzunehmen, kann nur aus Ihnen selbst kommen. Ihre innere Überzeugung »Ich will abnehmen und gesund und leistungsfähig werden« ist Ihre Triebfeder. Erwarten Sie nicht von anderen, dass sie Sie motivieren; sie können Sie lediglich unterstützen.

Was wir denken, wie und wie gern wir uns bewegen, hängt sehr stark von unserer Stimmung, unseren Gefühlen ab. Andererseits

EINE ERSTAUNLICHE VERWANDLUNG

Sicher kennen Sie die Geschichte von der erstaunlichen Verwandlung des ehemaligen deutschen Außenministers Joschka Fischer. Mitte der 90er Jahre entschloss er sich von einem Tag auf den anderen, sein Leben zu ändern, und begann zu laufen. Seine erste Strecke: Einmal um den Bundestag, etwa 500 Meter. Tatsächlich verwandelte er sich binnen kurzer Zeit von einem massigen Mann in einen drahtigen, gertenschlanken Ausdauersportler. Und das, obwohl er anfangs vieles falsch machte: Fischer lief auf Strecke, nach eigener Aussage oft viel zu schnell.

Tappen Sie nicht in die gleiche Falle. Wie viele Meter Sie in welcher Zeit zurücklegen, ist zu Beginn Ihrer Laufkarriere völlig ohne Belang. Wichtig ist nur, wie lange Sie laufen. Geeignete Programme für den (Wieder-)Einstieg finden Sie auf Seite 67 ff.

Was Joschka Fischer in dieser Phase aber ohne Zweifel richtig machte: Er entschied sich fürs Laufen, stellte seine Ernährung komplett um – und nahm auf diese Weise 35 Kilo ab!

ist es erwiesenermaßen möglich, über das Denken und über Selbstbefehle die eigene Stimmung zu beeinflussen.

Sie können also gezielt an Ihrer Einstellung arbeiten. Sie können sich selbst zum Erfolg programmieren. Mit positiven Vorstellungen und Einstellungen bauen Sie ein positives Selbstbild auf, das wiederum zu Verbesserungen führt.

Führen Sie sich immer vor Augen, warum Sie laufen, denken Sie an Ihr Ziel abzunehmen, und stellen Sie sich vor, wie Sie es erreichen. Machen Sie sich bewusst, dass der Weg zum Ziel womöglich lang ist, es sich aber trotzdem lohnt, ihn zu gehen. Stellen Sie sich vor, wie Sie leicht und locker Ihren Kilos davonlaufen.

Tipps zum Durchhalten

Lassen Sie Laufen zu einer festen Gewohnheit werden. Diskutieren Sie nicht lange mit Ihrer inneren Stimme, die Ihnen einflüstern will: »Gerade heute geht es nicht.« Steigen Sie in die Schuhe und laufen Sie los. Hinterher werden Sie froh darüber sein. Mit ein paar Tricks können Sie Ihren inneren Schweinehund geschickt überlisten:

- Setzen Sie sich langfristige Ziele – und gliedern Sie den Weg dahin in kleine, leicht erreichbare Schritte (siehe auch Tipp Seite 11). Natürlich gehört ein bisschen Disziplin dazu, aber mit realistischen Zielen und überschaubaren Etappen geraten Sie mit Sicherheit nicht in die »Das schaffe ich ja sowieso nicht«-Falle. Es türmt sich also vor Ihnen kein riesiger Berg auf, sondern eine elegante Treppe mit flachen Stufen.
- Nehmen Sie sich für Ihre sportliche Aktivität, für das Laufen, bewusst Zeit – und entspannen Sie sich dabei. Genuss macht stets Lust auf mehr und verlangt nach Wiederholung.
- Sorgen Sie für Abwechslung. Alles, was zur Routine wird, langweilt irgendwann. Variieren Sie deshalb Strecken, Distanzen, Geschwindigkeiten.
- Verabreden Sie sich mit einem Laufpartner oder einer Gruppe. Solche festen Termine lassen Sie sicher nicht so leicht sausen.
- Notieren Sie sich von Zeit zu Zeit Ihre Erfahrungen und persönlichen (Lauf-)Daten. Es wird Sie bei der Stange halten und motivieren zu sehen, was sich im Lauf der Wochen und Monate alles verändert: an Ihrer Laufzeit, Ihrem Ruhe- und Belastungspuls, an Ihrem Gewicht und Körperfettanteil. Der beiliegende Folder ist dafür ideal!
- Belohnen Sie sich für Erfolge – nicht gerade mit einer Tortenparty, aber mit anderen Erlebnissen, an denen Sie viel Freude haben: mit einem spontanen Kurzurlaub, einem Tag in einer Wellness-Oase, einem Gang ins Kino … Schaffen Sie damit Freiräume für Ereignisse, die Sie sich wünschen, die aber im Alltag zu kurz kommen.

GU-ERFOLGSTIPP

So wird aus Frust Lust: Ersetzen Sie ab heute negative Gedanken durch positive. Zum Beispiel:

- Nicht: Ich habe keine Zeit. Sondern: Ich nehme mir Zeit, damit ich laufend fitter werde.
- Nicht: Ich fühle mich matt. Sondern: Laufen macht frisch und munter.
- Nicht: Ich muss laufen. Sondern: Ich will, ich darf, ich kann laufen.
- Nicht: Das geht mir alles zu langsam. Sondern: Ich freue mich über jeden kleinen Fortschritt.
- Nicht: Es sieht bestimmt doof aus, wie ich laufe. Sondern: Ich werde laufend schlanker, mein Laufstil verbessert sich von Mal zu Mal.

Die Ausstattung – gut ausgewählt

Das Schöne am Laufen ist: Sie brauchen dafür nicht unbedingt eine besondere Ausrüstung. Abgesehen von einer wichtigen Ausnahme: gute Laufschuhe.

Laufschuhe, die passen

Ihre Laufschuhe sind Ihre wichtigsten Partner, die Sie von nun an über Wege, Wiesen und Felder tragen. Sie müssen zu Ihren Füßen, Ihrem Laufstil, Ihrem Körpergewicht passen.

Nur beim Fachmann kaufen

Dem Kauf Ihrer Laufschuhe sollten Sie viel Zeit und Aufmerksamkeit widmen. Gehen Sie nachmittags zum Schuhkauf, denn dann sind Ihre Füße, ähnlich wie beim Laufen, etwas dicker. Wählen Sie einen guten Sportfachhändler aus, am besten mit dem Schwerpunkt Laufen. Viele Fachhändler arbeiten heutzutage schon mit Laufbändern und videogestützter Laufbandanalyse; das kann hilfreich sein, ist aber nicht unbedingt erforderlich.

Nichts ersetzt indessen eine gute Beratung. Einen kompetenten Verkäufer erkennen Sie an den Fragen, die er Ihnen stellt: nach Ihrem Körpergewicht, auf welchem Untergrund Sie bevorzugt laufen und wie schnell, wie oft, wie lange Sie laufen. Wichtig sind auch die Fragen nach Ihrer Fußform, Ihrem Laufstil und dem Abrollverhalten Ihres Fußes.

Wenn Sie zum ersten Mal Laufschuhe kaufen, nehmen Sie gebrauchte Sportschuhe mit. Ein erfahrener Verkäufer kann daraus bereits erste Schlüsse ziehen, wie viel Stabilität und Dämpfung Ihr neuer Schuh bieten sollte.

In Ruhe testen

Während Sinn und Zweck der videogestützten Laufbandanalyse von einigen Experten schon wieder in Frage gestellt werden, sind sich alle einig: Wer sich Laufschuhe kauft, sollte mehrere Paare anprobieren und damit nicht nur ein wenig im Laden auf und ab laufen, sondern ein paar hundert Meter rund ums Geschäft. Manche Sportfachhändler tauschen sogar Schuhe um, die sich erst beim richtigen Laufen als nicht passend herausgestellt haben.

Wichtig bei der Anprobe: Ein Laufschuh muss größer als ein Straßenschuh gewählt werden. Vor dem großen Zeh sollte noch eine Daumenbreite Platz sein. Probieren Sie den Schuh

TIPP: Laufschuhe – fußtypgerecht

Lassen Sie Ihren Fußtyp im Sportgeschäft analysieren, wenn Sie noch nicht wissen, ob Sie Normal-, Senk-Spreiz- oder Hohlfüße haben – denn für jeden Fußtyp gibt es spezielle Schuhtypen:

- Der beste Schuh für Normalfüßler ist auf einem leicht gebogenen Leisten (die Innenseite des Schuhs ist gebogen) aufgebaut. Er soll vor allem stabil sein.
- Bei Senk-Spreiz-Füßen braucht das abgesenkte Fußgewölbe Unterstützung: durch eine an der Innenseite verstärkte Zwischensohle. Sie verhindert, dass sich der Fuß zu stark um seine Längsachse dreht. Solche »Bewegungskontrollschuhe« sind auch für schwergewichtige Läufer geeignet.
- Dem Hohlfuß mit seinem stark erhöhten Längsgewölbe fehlt der natürliche Aufprallschutz. Schuhe mit ausgeprägten Dämpfungseigenschaften und hoher Flexibilität sollten hier die erste Wahl sein.

gleich mit den Socken an, mit denen Sie später laufen. An der breitesten Stelle des Fußes und an der Ferse muss der Schuh gut anliegen, aber wenn Sie auch nur die kleinste Druckstelle spüren, sollten Sie ihn nicht in die engere Wahl nehmen.

WICHTIG

Wenn Sie mehr als 75 Kilo wiegen, benötigen Sie stabile Schuhe, die obendrein gute Dämpfungseigenschaften haben. Mit steigendem Gewicht muss der vom Hersteller angegebene Härtegrad der Zwischensohle zunehmen.

Investition in die Zukunft

Denken Sie erst ganz zum Schluss ans Geld. Nehmen Sie den Schuh, der Ihnen am besten passt. Es wird sich auf alle Fälle auszahlen. Oft gibt es Vorjahres- oder Auslaufmodelle im Sonderangebot. Hier könnte Ihnen ein Schnäppchen gelingen – sofern der Schuh über für Sie optimale Eigenschaften verfügt.

Ein Laufschuh muss gute Dämpfung und Führung bieten. So kann er einen Teil der Belastungen abfangen, denen Ihr Bewegungsapparat während des Laufens ausgesetzt ist, und abweichende Gelenkstellungen ausgleichen.

Wenn Sie starke Hohl- oder Senk-Spreizfüße oder andere Fußprobleme haben – beispielsweise Knickfuß oder Überbein –, tragen Sie Ihre Laufschuhe lieber zu einem orthopädischen Schuhmacher, der daraus für Sie maßgeschneiderte fertigt.

Die richtige Laufbekleidung

Schlechtes Wetter ist, von echten Unwettern abgesehen, vor allem eine Empfindung, aber kein triftiger Grund, zu Hause zu bleiben. Man kann sich leicht dagegen wappnen. Wenn Sie es mit dem Laufen ernst meinen, sollten Sie sich nach und nach mit funktionaler Laufkleidung ausstaffieren. Es muss ja nicht gleich das ganze Programm für alle Jahreszeiten sein. Sie werden aber rasch merken, wie angenehm es sich mit sogenannter Funktionskleidung läuft. Sie besteht meist zu 100 Prozent aus Synthetikfasern. Baumwolle hat ausgedient, denn sie speichert Nässe, sei es Regen oder Schweiß, und gibt sie nur sehr langsam wieder ab. Dadurch entsteht zu viel Verdunstungskälte – eine Erkältung droht.

Wärmeregulation

In den vergangenen Jahren hat die Konkurrenz der Sportartikelhersteller uns daher nicht nur immer bessere Laufschuhe be-

schert. Begünstigt durch den Trend zum Abenteuer an der frischen Luft, wurden immer neue Stoffe entwickelt.
Diese bringen erstaunliche Eigenschaften mit, die fast einer zweiten Haut gleichkommen: Sie sind leicht und liegen eng am Körper an. Sie sind wasserabweisend, schützen gegen Regen und Wind und transportieren überschüssige Wärme und Schweiß nach außen. Auf diese Weise wirken die neuen Synthetikfasern wärmeregulierend. Die Haut bleibt trocken, weder Hitzestau noch Frieren aufgrund von Verdunstungskälte haben eine Chance. Sie fühlen sich während des Laufens einfach wohl.

Unterwäsche

Mit oder ohne, das ist die Frage, zumindest vom Oberschenkel bis zur Hüfte. Die einen Läufer tragen lieber Shorts mit Innenhose oder aber Tights, die ohnehin eng anliegen (Seite 66). Die anderen fühlen sich mit Unterhose oder Slip wohler. Sofern das auch auf Sie zutrifft, achten Sie darauf, dass die Gewebemischung möglichst wenig Baumwolle enthält, um eine gute Wärmeregulation zu gewährleisten.

Sport-BH

Ein guter Sport-BH stützt und schützt das empfindliche Brustgewebe durch am Rücken gekreuzte Träger und ein Unterbrust-

---

TIPP: Hautnahe Sportkleidung verhindert Wundreiben

Auch wenn Sie sich sonst vielleicht lieber in weite Gewänder kleiden, um Ihre Pölsterchen zu verhüllen – für ein ungetrübtes Laufvergnügen sollten Sie es anders machen:

- Ziehen Sie ein schmales Oberteil mit anliegenden Ärmeln an, damit die Stoffe aufeinander reiben und nicht die Hautflächen. Wenn Sie sich mit dem engen Oberteil nicht wohlfühlen, tragen Sie einfach darüber noch ein weites, luftiges Shirt.
- Tragen Sie Hosen, die an den Oberschenkeln anliegen, damit sich auch die aneinander reibenden Oberschenkel-Innenseiten nicht wundscheuern können.

---

band unter den Körbchen. Das Material sollte elastisch, aber über den Körbchen fest sein. Naturfasern sind für einen Sport-BH ungeeignet. Wählen Sie auch hier atmungsaktive Mikrofasern.

Kurz und lang: Hosen

Kurze Hosen werden sowohl in weitem als auch in engem Schnitt angeboten. Weite Shorts haben meist einen Innenslip. Sollten jedoch beim Laufen Ihre Oberschenkel aneinander reiben, sind enge Shorts besser, deren Hosenbeine etwa den halben Oberschenkel bedecken. Wenn es kühl und feucht ist, sind lange, enge Hosen (Tights) die ideale Bekleidung.

TIPP
Nachts und bei Regen oder Nebel sind Sie für Autofahrer nur schlecht auszumachen. Reflektierende Zonen an den Schuhen genügen nicht. Besser sind reflektierende Aufsätze auf der Kleidung oder Leuchtbänder mit Klettverschlüssen an Armen und Beinen.

Ohne, kurze, lange Ärmel

Je nach Außentemperatur kommen Leibchen nur mit Trägern, mit halbem oder mit ganzem Arm zum Einsatz. Wichtig ist auch hier: Atmungsaktiv müssen sie sein. Steckt nur ein Baumwoll-Wassersauger dazwischen, ist die Kühlkette unterbrochen.

Wetterfeste Ausstattung

Bei schlechtem Wetter geht man nicht ohne Jacke aus dem Haus, schon gar nicht als Läufer. Ihre Jacke sollte wind- und regendicht sowie atmungsaktiv sein, am besten mit Kapuze. Dünne Woll- oder Synthetikhandschuhe leisten bei Kälte gute Dienste. Zwei Drittel der Körperwärme werden über den Kopf abgegeben. Melden die Ohren ein deutliches Frösteln, hilft man mit einem Stirnband oder gleich mit einer Mütze ab.

Mit mehreren »Häuten«

Das Temperaturempfinden der Menschen ist sehr unterschiedlich. Ziehen Sie sich so an, dass Sie sich wohl fühlen. Im Zweifel zu Beginn etwas wärmer, ablegen können Sie immer noch. Vermeiden Sie auf jeden Fall Extreme. Es ist weder sinnvoll, einen Saunalauf zu simulieren, noch ist es geistreich, halb nackt in die Unterkühlung zu rennen. Tun Sie es lieber der Zwiebel gleich: Nutzen Sie zum Regeln der Temperatur mehrere »Häute« und geben oder nehmen Sie je nach Bedarf dazu oder weg.

Lauftraining für Einsteiger und Fortgeschrittene

Ihre Ausdauerleistung liegt unter dem Durchschnitt, und Sie wollen das ab jetzt ändern, Gewicht verlieren, fit und gesund werden? Dann sind Sie hier richtig. Sobald Ihr Arzt grünes Licht gegeben hat, kann es losgehen.

Das Programm auf den Seiten 70–71 ist für einen langsamen Einstieg über drei Monate konzipiert. Wenn Sie etwas besser trainiert sind oder schneller Fortschritte machen, können Sie selbstverständlich auch Stufen überspringen.

Langsamer Einstieg: Vom Gehen zum Laufen

Das Laufprogramm auf den Seiten 70–71 baut wesentlich auf einem Wechsel zwischen Gehen und Laufen auf, wobei sich mit der Zeit die Anteile immer mehr zum Laufen hin verschieben.

Walking – ideale Vorbereitung zum Jogging

Was heutzutage populär sein will, muss auf »ing« enden. Wenn etwas Gutes wie Gehen dahinter steckt, soll's recht sein. Walking oder Nordic Walking ist ein perfekter Ausdauersport für Menschen mit Übergewicht oder Gelenkproblemen; denn Überlastungs- und Verletzungsrisiken sind dabei fast ausgeschlossen. Vor allem aber ist Walking die ideale Vorbereitung auf das Laufen. Was das Walken vom Spaziergang unterscheidet, ist das Ziel: Sie wollen nicht schlendern, sondern bewusst bei höherem Tempo und verstärktem Arm- und Beineinsatz etwas für Ihre Fitness tun.

- Walken Sie immer öfter 30 bis 40 Minuten lang, zum Schluss täglich. Dafür müssen Sie sich nicht jedes Mal ins Sportdress werfen. Legen Sie auf dem Weg zum Einkaufen oder zum Bus einfach einen Zahn zu.

Energieverbrauch pro Sportart

So viel Energie (in Kilokalorien) verbrauchen Sie im Durchschnitt mit Freizeitsportarten je Stunde – abhängig vom Körpergewicht:

Aktivität	50 kg	70 kg	90 kg
Aerobic	315	441	567
Bergwandern mit Gepäck	300	420	540
Fitnesstraining (gemischt)	555	777	999
Fußball	396	554	713
Inline-Skating	357	500	643
Krafttraining	348	487	626
Laufen (1 km in 5 Min.)	624	874	1123
Radfahren (25 km/h)	510	714	918
Schwimmen (zügig)	468	655	842
Skilanglauf	459	643	826
Walking	320	462	594

Aufbau nach Leistungsstufen

Die Abstufungen des Laufprogramms auf Seite 70–71 bauen auf dem Ausdauertest von Seite 40 auf.

- Wenn Sie weniger als drei Minuten laufen konnten, beginnen Sie mit Woche 1, dem Gewöhnungsprogramm für Laufanfänger.
- Haben Sie mehr als drei und weniger als 12 Minuten geschafft, dann steigen Sie in Woche 6 oder maximal 8 ein.
- »Hobbyläufer« (12 bis 30 Minuten) beginnen mit Woche 12.

Varianten für Fortgeschrittene

Nach einigen Monaten regelmäßigen Laufens werden Sie feststellen, dass es Ihnen immer leichter fällt. Ihr Fitnesszustand bessert sich. Wenn Sie über längere Zeit mindestens dreimal pro Woche eine halbe Stunde oder länger gelaufen sind, haben Sie sich vom Einsteiger zum Läufer entwickelt. Sie wollen laufen und würden es vermissen, wenn Sie keine Möglichkeit dazu hätten.

Kombinieren, variieren

Auch jetzt gilt: zuerst die Häufigkeit, dann die Dauer, dann das Tempo erhöhen. Nach Erkenntnissen der Sportwissenschaft hat drei- bis viermal Laufen in der Woche im Verhältnis zum Zeitaufwand die höchste Effizienz für die Gesundheit. Wirkungsvoller und abwechslungsreicher wird Ihr Training allerdings, wenn Sie verschiedene Trainingsformen wie langsamen, längeren Dauerlauf, Tempolauf, Intervalltraining und Läufe in hügeligem Gelände kombinieren (siehe auch Seite 33–34).

Auch Inline-Skating, Radfahren, Skilanglauf und Schwimmen können Sie in Ihre sportliche Aktivität aufnehmen.

Intervalltraining

In den vergangenen Monaten haben Sie sich durch Laufen genug Ausdauer antrainiert. Auf dieser Basis dürfen Sie sich – wenn es nötig werden sollte – auch einmal an die neuesten Trends der Abnehmmethodik heranwagen.

Wie schon erwähnt, ist nach Ansicht mancher Wissenschaftler ein Intervalltraining – kurze Trainingseinheiten mit großen Intensitätsunterschieden – effektiver für den Fettabbau, da dieser wesentlich von der Aktivität des Stoffwechsels abhängt. Und der wird offenbar umso stärker angeheizt, je mehr er durch einen raschen Wechsel von Belastung und Erholung aus dem Gleichgewicht gebracht wird.

In Ausnahmefällen bieten sich solche Methoden durchaus einmal an. Kehren Sie aber so bald wie möglich wieder zu langen Läufen im Sauerstoffüberschuss zurück. Sie sind die Grundlage Ihrer Ausdauerfähigkeiten.

TIPP: Laufen als Wettkampfsport

Wenn es Ihnen gefällt, können Sie Ihr Fitnesstraining weiter ausbauen. Zum Beispiel können Sie – ohne besondere Vorbereitung, einfach zum Vergnügen – an einem Volkslauf teilnehmen. Ein wenig Begabung und Robustheit vorausgesetzt, ist auch ein Marathonlauf möglich – nach dem olympischen Motto »Dabei sein ist alles«. Funktionierende Trainingspläne gibt es viele. Wenden Sie sich an erfahrene Läufer oder Trainer.

Gewöhnungsprogramm für Laufanfänger

Laufdauer: 0 bis 3 Minuten

1. Woche: 2 Trainingseinheiten — **Dauer: jeweils 15–20 Minuten**

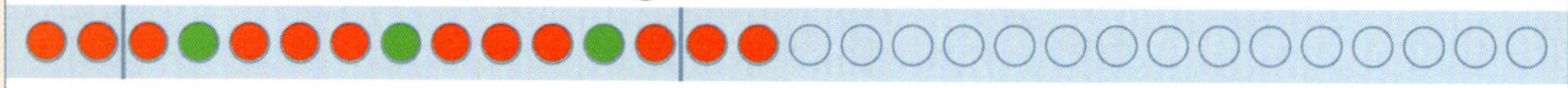

Steigern Sie in den ersten 3 Minuten Ihr Gehtempo langsam, fallen Sie bis zu 1 Minute in leichten Trab, und verringern Sie dann auch das Gehtempo wieder.

2. Woche: 2 Trainingseinheiten — **Dauer: jeweils 15–20 Minuten**

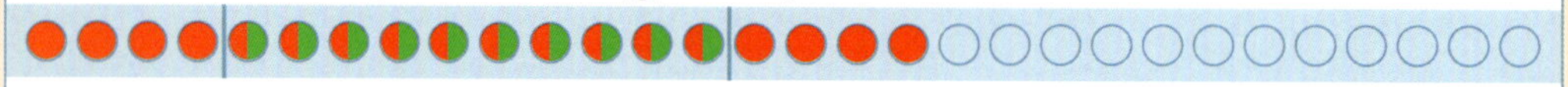

2–5 Minuten warmgehen, 10 Minuten im Wechsel gehen und traben (je 20–30 Sekunden), zum Ausklang 2–5 Minuten gehen.

3. Woche: 2–3 Trainingseinheiten — **Dauer: jeweils 20 Minuten**

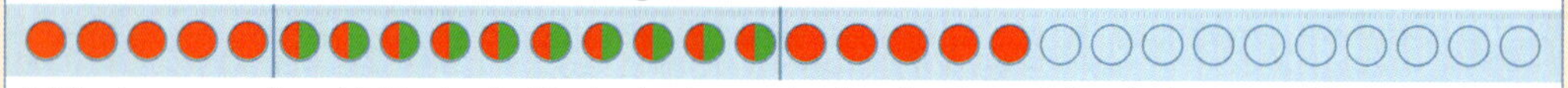

5 Minuten warmgehen, 10 Minuten im Wechsel gehen und traben (je 30–45 Sekunden), zum Ausklang 5 Minuten gehen. Achten Sie darauf, ruhig und betont auszuatmen.

4. Woche: 2–3 Trainingseinheiten — **Dauer: jeweils 20 Minuten**

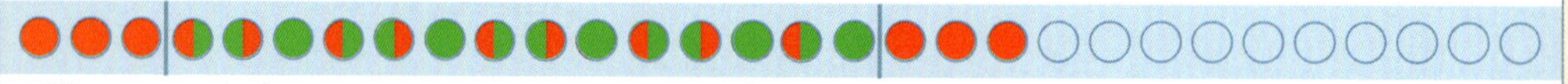

3 Minuten warmgehen, 14 Minuten im Wechsel gehen (20–30 Sekunden) und traben (45–60 Sekunden), zum Ausklang 3 Minuten gehen. Behalten Sie das langsame Tempo bei.

5. Woche: 2–3 Trainingseinheiten — **Dauer: jeweils 20 Minuten**

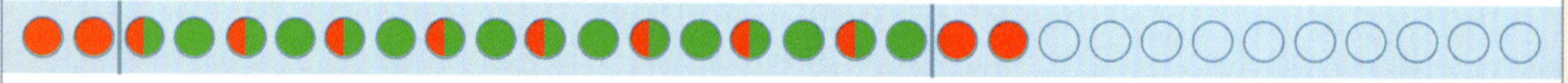

2 Minuten warmgehen, 16 Minuten im Wechsel gehen (20–30 Sekunden) und traben (60–90 Sekunden), zum Ausklang 2 Minuten gehen. Belastungspuls bei etwa 60 % des Maximalpulses.

6. Woche: 2–3 Trainingseinheiten — **Dauer: jeweils 25 Minuten**

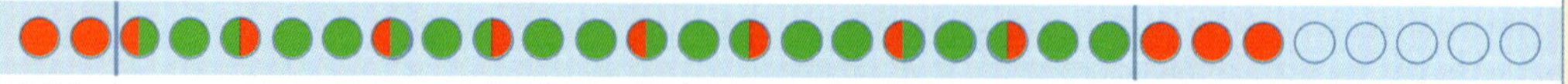

2 Minuten warmgehen, 20 Minuten im Wechsel gehen (30 Sekunden) und traben (90–120 Sekunden), zum Ausklang 3 Minuten gehen.

7. Woche: 2–3 Trainingseinheiten — **Dauer: jeweils 25 Minuten**

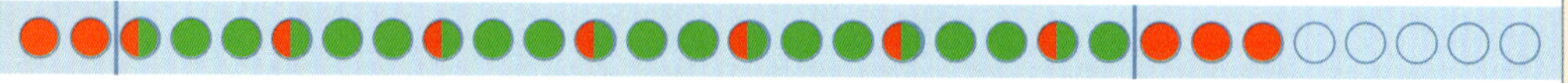

2 Minuten warmgehen, 20 Minuten im Wechsel gehen (30–45 Sekunden) und traben (2–3 Minuten), zum Ausklang 3 Minuten gehen. Belastungspuls bei etwa 65 % des Maximalpulses.

Aufbauprogramme

Für Laufanfänger (Steigerung von 3 auf 12 Minuten)

8. Woche: **2–3 Trainingseinheiten** **Dauer: jeweils 30 Minuten**

Nach dem Aufwärmen 25 Minuten gehen (45–60 Sekunden) und traben (3–4 Minuten) im Wechsel. Zum Ausklang 3 Minuten gehen. Sie laufen bereits 4 Minuten ohne Unterbrechung!

9. Woche: **2–3 Trainingseinheiten** **Dauer: jeweils 30 Minuten**

Zunächst 1 Minute gehen und 2 Minuten laufen im Wechsel, dann 1 Minute gehen und 5 Minuten laufen, dann 1 Minute gehen und 3 Minuten laufen, zum Ausklang 2 Minuten gehen. Sie laufen schon 5 Minuten ohne Pause!

10. Woche: **3 Trainingseinheiten** **Dauer: jeweils 30 Minuten**

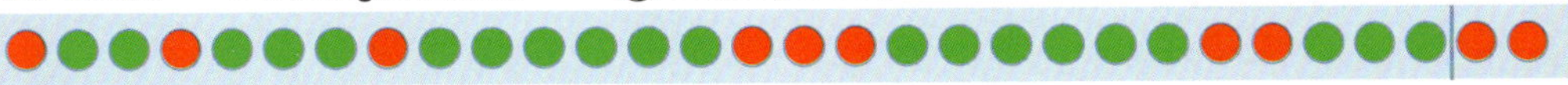

Gehen und laufen Sie in der ersten Einheit entsprechend den Symbolen (jedes steht für 1 Minute). Dehnen Sie in Einheit zwei den dritten und in Einheit drei den vierten Laufblock von 6 auf 7 Minuten aus und gehen Sie dafür 1 Minute weniger.

11. Woche: **3 Trainingseinheiten** **Dauer: jeweils 30 Minuten**

Nachdem Sie in der Vorwoche auf zweimal 7 Minuten herangelaufen sind, können Sie nun in der Mitte der Trainingseinheit einen längeren Lauf einbauen. Sie laufen 10 Minuten ohne Unterbrechung!

12. Woche: **3 Trainingseinheiten** **Dauer: jeweils 30 Minuten**

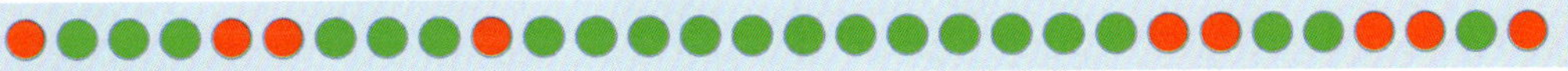

Dehnen Sie den längeren Lauf in der Mitte der Trainingseinheit noch weiter aus. Sie haben schon 12 Minuten am Stück geschafft!

Für Hobbyläufer (Steigerung von 12 auf 30 Minuten)

Ab 13. Woche: **3 Trainingseinheiten** **Dauer: jeweils 30–40 Minuten**

Reduzieren Sie nun von Woche zu Woche (oder von Lauf zu Lauf) die Gehanteile nach und nach bis auf null. Gratulation: Jetzt können Sie 30 Minuten ohne Unterbrechung laufen!

Die Symbole ● = Gehen und ● = Laufen stehen für den Anteil von Gehen und Laufen innerhalb der jeweiligen Trainingseinheit. Jeder Kreis steht für ca. 1 Minute, jeder halbe Kreis entsprechend für ca. ½ Minute. Die Linie | trennt jeweils den Hauptteil vom Aufwärmen und vom Ausklang.

WORKOUTS FÜR EINE TOLLE FIGUR

Kräftigere Muskeln straffen den Körper, und sie verbrennen mehr Fett! Mit etwas Muskel-Know-how und ausgewählten Übungen kommen Sie Ihrer Idealfigur immer näher.

Schlank und straff durch Muskeltraining

Laufen spricht etwa 70 Prozent der Muskulatur des Körpers an. Doch was ist mit den restlichen 30 Prozent der potenziellen Fettverheizer? Die lümmeln weiter träge vor sich hin und warten darauf, endlich aktiviert zu werden. Nebenbei: Ausdauertraining, also auch Laufen, trainiert in erster Linie den Herzmuskel. Er wird stärker und größer. Die anderen Muskeln entwickeln sich durch Laufen nur, soweit es für das Laufen notwendig ist. Das restliche Potenzial liegt brach. Für aktive Rundum-Fitness muss also noch etwas anderes her. Etwas, das unser größtes Organ, die Muskulatur, gezielt trainieren und bis in die letzte Zelle in einen Brennofen verwandeln kann: Krafttraining.

Trainieren im Doppelpack

Fett verbrennt nur in den Muskeln, mehr Muskeln verbrennen mehr Fett. Diese Gleichung kennen Sie bereits. Laufen verbrennt Fett. Und Krafttraining lässt die Muskeln wachsen. So können Sie noch mehr Fett verbrennen – und formen und straffen gleichzeitig Ihren Körper. Laufen und Krafttraining sind die ideale Kombination für die schlanke Linie und eine tolle Figur.

Was Krafttraining so wertvoll macht

Gezieltes Muskeltraining verschafft Ihnen beachtliche Vorteile:

- Sie fühlen sich leichter, denn Sie haben mehr Muskelkraft pro Kilogramm Körpergewicht. Weniger Fett und mehr Muskeln bedeuten mehr Spannkraft im Alltag, mehr Leistung im Beruf und Freude beim Sport.
- Sie bauen schneller Fett ab. Mit Krafttraining zwingen Sie den Körper, Energie für den Aufbaustoffwechsel aus den Fettdepots zu nehmen.
- Sie sehen besser aus. Ihre Erscheinung, aber auch die Art und Weise, wie Sie gehen und stehen – schlaff oder straff? –, hängt nämlich wesentlich vom Zustand Ihrer Muskeln ab.
- Sie beugen Schmerzen vor. 80 Prozent aller Rückenbeschwerden haben ihre Ursache in einer zu schwachen Rückenmuskulatur. Eine starke und ausgeglichene Muskulatur dagegen lässt dem Schmerz keine Chance.
- Sie stärken Ihre Knochen, Gelenke, Sehnen und Bänder und beugen Osteoporose vor.
- Sie erholen sich schneller nach Krankheiten, Operationen und Unfällen und sind weniger anfällig für Verletzungen.
- Sie bleiben auch im Alter stark und vital. Das Altern selbst lässt sich zwar nicht verhindern, aber Krafttraining zögert den Alterungsprozess hinaus. Sie können 20 Jahre lang 40 bleiben und selbst mit 90 noch mobil sein.

KRAFTTRAINING IST MUSKELTRAINING

Gibt es einen Unterschied zwischen Krafttraining und Muskeltraining? Nein. Krafttraining ist Muskeltraining. Wenn Sie einen Muskel wiederholt einer ausreichend großen Belastung aussetzen, wird er zunächst kräftiger, kann mehr leisten, wird aber nicht gleich dicker. Wenn Sie die Belastung jedoch weiter steigern, nimmt der Muskel auch an Masse zu. Der Kraftzuwachs verläuft linear mit der Belastung, der Dickenzuwachs in Schüben.

Anatomie eines Muskels

Wie funktioniert so ein Muskel eigentlich? Er zieht sich auf Befehl des Gehirns zusammen, er kontrahiert. Sobald er den Befehl erhält, damit aufzuhören, oder wenn er erschöpft ist und nicht mehr kann, lässt er wieder los.

Muskeln sind in der Regel an zwei Stellen im Körper angewachsen: an einem weniger beweglichen Knochen, dem so genannten Ursprung, und an einem beweglicheren Teil des Skeletts, dem Ansatz. Wenn ein Muskel sich also auf Befehl kontrahiert, zieht er, am Ursprung befestigt, normalerweise über eine Sehne am Ansatz und diesen damit näher zu sich heran. Gleichzeitig beugt oder streckt er ein Gelenk.

Spieler und Gegenspieler

Wenn das Gelenk in die andere Richtung bewegt werden soll, tritt ein Gegenspieler, ein anderer Muskel also, auf den Plan und zieht sich zusammen. Spieler und Gegenspieler, Beuger und Strecker, die sich während eines rhythmischen Bewegungsablaufs ständig abwechseln, nennt man Agonist und Antagonist. Agonist heißt der Muskel, der sich zusammenzieht, Antagonist der Muskel, der zur gleichen Zeit gedehnt wird.

MUSKELSPIELE

Drei Muskeln, eine Wirkung. Zum Beugen des Arms verwendet unser Körper drei Muskeln, die in dieselbe Richtung ziehen – echte Synergisten.

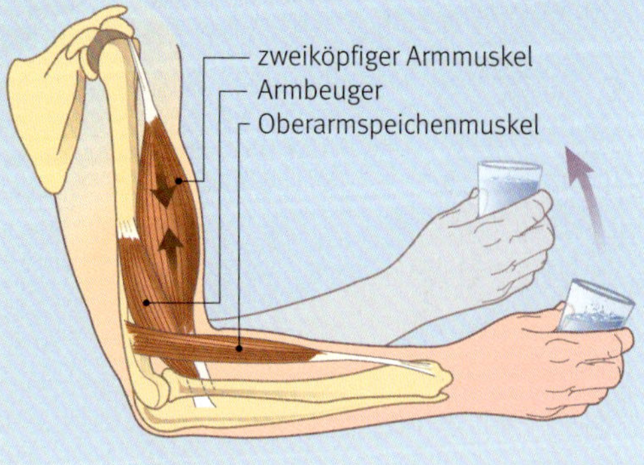

Endlich Synergieeffekte!

Doch selten führt nur ein einzelner Muskel eine Bewegung aus; meist sind es mehrere. In der Wirtschaft sucht man angestrengt nach Synergieeffekten – in der Muskulatur gibt es sie: Verschiedene Muskeln, die sozusagen an einem Strang ziehen, nennt man Synergisten. Dabei geben sich viele Muskeln nicht damit zufrieden, nur an einem Gelenk zu wirken. Der große vierköpfige Muskel der Oberschenkelvorderseite beispielsweise streckt einerseits das Kniegelenk, vor allem mit seinem unteren Teil, andererseits hilft er, mit seinem oberen, beckennahen Abschnitt, die Hüfte zu beugen.

Was mit den Muskelfasern geschieht

Ein Muskel besteht aus mehreren Bündeln, die Bündel wiederum setzen sich aus vielen Muskelfasern zusammen. Sie sind die Bestandteile, die sich auf Befehl des Großhirns zusammenziehen.

Bis zur Erschöpfung

Je nachdem, wie stark die Kontraktion eines Muskels sein soll, umso mehr Muskelfasern aktiviert das Zentralnervensystem, um die geforderte Leistung zu bringen. Die restlichen Fasern tragen vorerst nichts zum Gelingen bei. Dauert jedoch die Belastung länger an, müssen erschöpfte Fasern durch frische ersetzt werden. Sobald diese ermüden, werden wieder neue eingeschaltet, bis die Reihe wieder an den schon einmal eingesetzten ist, die sich in der Zwischenzeit erholt haben. Dieser Ablauf wiederholt sich immer wieder. Ist der zu überwindende Widerstand gering, können wir die Arbeit mühelos über Stunden fortsetzen.

Ab einer bestimmten Spannungshöhe im Muskel jedoch, die entsprechend dem Widerstand steigt, sind gleichzeitig so viele Fasern aktiv, dass für einen längeren Einsatz zu wenige Fasern zur Ablösung bereitstehen. Schon bald entsteht ein Ungleichgewicht zwischen Ausfall und Nachschub. Die Einsatzdauer der einzelnen Fasern wird immer kürzer und mit jedem Mal treten sie weniger erholt in Aktion.

Wenn schließlich alle aktiven Fasern erschöpft sind, versagt der Muskel – und wird maximal gereizt, bislang inaktive Fasern in aktive umzuwandeln, die in Zukunft zu seiner Kraft und damit Leistungsfähigkeit beitragen. Effektives Muskeltraining arbeitet gezielt auf diesen Punkt hin.

KEINE ANGST VOR MUSKELBERGEN

Frauen fürchten sie, viele Männer streben sie an: große Muskelpakete. Seien Sie unbesorgt: Frauen sind genetisch und hormonell bedingt kaum in »Gefahr«, Muskelberge zu entwickeln. Das Training macht die Muskeln zwar kräftiger und etwas dicker. Sie wirken dadurch aber straff und nicht etwa klotzig. Gewebe und Haut über der Muskulatur spannen sich.

Die Muskeln effektiv trainieren

Die Anzahl der Fasern in einem Muskel ist genetisch festgelegt. Wie viele der Fasern jedoch bei Bedarf aktiv zum Einsatz kommen, hängt vom Leistungsstand des Muskels ab. Krafttraining wandelt dünne Reservefasern, die bisher nicht genutzt wurden und deshalb nur wenig energiereiche Substanz enthalten, in aktive Fasern um. Der Muskel wird so kräftiger und größer.

Superkompensation

Im Training macht man sich eine interessante Eigenschaft des Körpers zunutze: den Überausgleich. Auf eine (sportliche) Belastung reagiert der Körper mit einem Ausgleich des Energieverlusts über den ursprünglichen Zustand hinaus. Sportexperten nennen dieses Phänomen Superkompensation. Wenn dann zum richtigen Zeitpunkt, nämlich am Höhepunkt des Überausgleichs, sofort der nächste Trainingsreiz einsetzt, gleicht der Körper wieder über das schon erhöhte Ausgangsniveau hinaus aus, und so geht es immer weiter.

Trainieren Sie also regelmäßig Ihre Muskeln, und achten Sie dabei immer auch auf den richtigen Zeitpunkt – der kommt beim Krafttraining etwa zwei Tage nach der vergangenen Belastung –, dann werden Sie rasch Fortschritte machen.

Elastische Bänder gibt es in unterschiedlichen Stärken für verschieden starke Widerstände. Jede Farbe steht für eine bestimmte Stärke – das kann jedoch von Hersteller zu Hersteller variieren.

Locken Sie Ihre Muskeln aus der Reserve!

Muskeltraining bedeutet, den Muskel buchstäblich aus seiner Reserve zu locken, indem man ihm so viel Energie abverlangt, dass er gezwungen ist, auf bislang inaktive Reservefasern zurückzugreifen, bevor er aufgibt. Weil die Reservefasern noch nicht leistungsfähig sind, dauert dieser Prozess allerdings nur Bruchteile von Sekunden.

Im Sinne der Überkompensation reagiert ein Muskel folglich so: »Bevor ich es beim nächsten Mal wieder nicht schaffe, sehe ich lieber zu, dass dann auch die Faulenzer mit anpacken.«

Der richtige Widerstand

Der Widerstand, den Sie wählen, etwa eine Hantel, ein Latexband oder (je nachdem, welche Übung Sie ausführen) Ihr Körpergewicht, muss hoch genug sein, um den gewünschten Trainingseffekt zu erzielen. Der Kasten auf Seite 79 gibt dazu eine Anleitung. Ist der Widerstand zu gering, kann er von den bislang aktiven Fasern bewältigt werden. Sie werden dadurch nicht kräftiger. Ist er zu hoch, sind Sie zu schnell erschöpft; der Zyklus der Übergabe von erschöpften an frische Muskelfasern hatte nicht genügend Zeit, sich einzuspielen.

Die richtige Dauer

Eine Übung muss lange genug dauern, damit sie wirkt, damit die momentan aktiven Fasern erschöpft werden und noch inaktive Fasern herangezogen werden können. In der Regel dauert es etwa 60 bis 90 Sekunden, bis die Reservefasern aktiviert werden.

Erholung für mehr Kraft

Wenn Sie einen Muskel erschöpft haben, muss er sich anschließend wieder erholen können. Nur dann wird er kräftiger. Um ihn zu erschöpfen, genügt es, eine Übung etwa 60 bis 90 Sekunden lang zu wiederholen. Aneinander gereihte Wiederholungen einer Übung mit demselben Gewicht nennt man einen Satz. Ein Satz einer Übung in einer Trainingseinheit genügt. Mehrere Sätze bringen keinen weiteren Kraftzuwachs, sondern sind nur eine Belastung für das Nervensystem und außerdem Zeitverschwendung. Bevor Sie einen Muskel erneut trainieren, sollten Sie ihm mindestens 48 Stunden Ruhe gönnen, damit er seine Energiespeicher wieder auffüllen kann. Kommt der nächste Reiz ständig zu früh, wird der Muskel immer schwächer statt stärker. Warten Sie mit der nächsten Belastung aber auch nicht länger als zwei bis drei Tage. Dann ist der Trainingseffekt am größten.

Langsam trainieren

Zum effektiven Training gehört auch und vor allem die langsame Bewegungsausführung. Spannen Sie den Muskel vier Sekunden lang an, und legen Sie währenddessen den Weg zurück, den die Übung vorgibt. Halten Sie die maximale Kontraktion in der Endstellung zwei Sekunden lang. Geben Sie anschließend über vier Sekunden dem Widerstand des Gewichts nach, und kehren Sie annähernd in die Ausgangsposition zurück.
Wohlgemerkt nur annähernd, nicht ganz! Andernfalls würden Sie die Spannung aufgeben und dem Muskel eine ungewollte Pause verschaffen, während der er sich erholen kann, aber nicht soll.
Durch die langsame Bewegung haben Sie auch genügend Gelegenheit, sich auf die Übung und die Muskelgruppe zu konzentrieren, die Sie gerade trainieren. Das sorgt für bessere Resultate.

WIE VIEL, WIE LANGE?

Krafttraining zum Muskelaufbau erfordert einen Widerstand, der so groß ist, dass Sie die gewählte Übung bei langsamem Bewegungstempo mindestens 60 Sekunden vollständig ausführen können. In einer Zeitspanne von 60 bis 90 Sekunden sollten Sie den Punkt erreichen, an dem der Muskel erschöpft ist und Sie trotz aller Willensanstrengung die Übung nicht mehr ganz schaffen.

Die Formeln …

… fürs Muskeltraining:

Wie oft in der Woche? Mindestens 2-mal, besser 3-mal.

Wie viele Übungen pro Training? 8 bis 10.

Wie viele Sätze pro Übung? 1 Satz, also 6 bis 9 Wiederholungen.

Welches Bewegungstempo? 4 Sekunden anspannen, 2 Sekunden halten, 4 Sekunden nachgeben.

Welches Gewicht? So hoch, dass Sie nach 60 bis 90 Sekunden nicht mehr weiter können.

Schnell ist gefährlich

Schnell und ruckartig zu trainieren ist ineffektiv und gefährlich. Ineffektiv, weil der Muskel nur am Anfang der Bewegungsausführung einer ausreichend großen Belastung ausgesetzt ist. Den Rest bewältigt er durch den Schwung, den er zu Beginn erzeugt hat. Gefährlich, weil durch den starken Anfangsimpuls enorme Kräfte wirksam werden, die zu Spitzenbelastungen in Muskel, Sehnen und Gelenken führen. Kleine Verletzungen, die dabei häufig auftreten, sind keineswegs harmlos, denn sie können sich zu chronischen Beschwerden auswachsen. Aber auch große Verletzungen, von Muskelfaser- bis hin zu Sehnenrissen, sind keine Seltenheit.

Aufwärmen?

Krafttraining im richtigen Tempo, bei richtiger Belastung und Dauer macht das Aufwärmen verzichtbar. Denn wenn Sie eine Übung mit angemessener Geschwindigkeit und korrekt ausführen, ist die Verletzungsgefahr gleich null. Würden Sie sich vorher aufwärmen, müssten Sie einen größeren Widerstand einsetzen, um den gleichen Trainingseffekt zu erzielen, denn der Muskel ist vorbereitet und daher leistungsfähiger.

Dehnen?

Dehnen vor dem Krafttraining, gar zum Aufwärmen, das sollten Sie auf keinen Fall tun! Sie wollen schließlich Muskelspannung und nicht -entspannung erzeugen. Außerdem: Dehnen kann einen Muskelkater nicht verhindern, das haben Tests eindeutig bewiesen.

Sie wollen nach jeder Übung die gerade trainierte Muskelgruppe dehnen? Verzichten Sie auch darauf.

Dehnen am Ende des Krafttrainings? Das können Sie, wenn Sie möchten. Aber geben Sie Ihrem Körper doch zunächst genügend Zeit, um die hohe Muskelspannung nach unten zu regulieren.

Außerhalb des Krafttrainings sind Dehnungsübungen auf jeden Fall sinnvoll. Denn zur Leistungsfähigkeit eines Muskels gehört schließlich nicht nur sein Kontraktionsvermögen, sondern auch seine Entspannungsfähigkeit und richtige Länge. Überlastete, verkürzte Muskeln sind schwach. Dehnen macht sie flexibel und damit stark. Aber alles zu seiner Zeit.

- Nach Laufen, Squash, Handball, Fußball, Volleyball: Dehnen Sie zum Abschluss des Trainings oder nach dem Spiel zumindest die am meisten beanspruchte Muskulatur.
- Nach dem Krafttraining: Nehmen Sie sich zum Dehnen Zeit und Ruhe, am besten abends. Dehnen entspannt – nicht nur die Muskulatur, sondern auch Geist und Seele.

TRAINIEREN MIT HANTELN UND MASCHINEN

Wenn es um gezielten Kraft- und Muskelzuwachs geht, stößt Krafttraining ohne Geräte oder mit Latexbändern bald an seine Grenzen. Hier liegt die Schwelle zwischen Kräftigung und echtem Krafttraining. Kräftigung – stark von der Physiotherapie geprägt – hat das Ziel, Gelenke gegen Widerstand zu bewegen, um sie zu stabilisieren und muskuläre Dysbalancen auszugleichen. Krafttraining zielt auf Kraftzuwachs für Sportler und Muskelaufbau für Bodybuilder ab. Für Sie als Gesundheits- und Fitnesssportler liegt die Wahrheit in der Mitte. Wenden Sie alle Methoden parallel an, um das beste Ergebnis zu erzielen. Einerseits machen das Leistungssportler genauso; auch sie wollen schließlich gesund bleiben. Andererseits gibt es mittlerweile im Krafttraining viele methodische Ansätze, die Gesundheit und muskuläre Balance in den Vordergrund stellen.

Freie Gewichte: Lang- und Kurzhanteln sind klassische Hilfsmittel des Krafttrainings, die allerdings weniger Vorteile bieten, als allgemein angenommen. Krafttraining mit Hanteln fördert beispielsweise nicht die Koordination für andere Sportarten. Ein weiterer Nachteil: Die Schwerkraft wirkt nun mal nur zum Erdmittelpunkt hin. Die Bandbreite der Übungen, die einen angesprochenen Muskel über den gesamten Bewegungsumfang effektiv trainieren, ist daher relativ klein.

Im Fitnessstudio: Soll ich als Läufer auch den Kraftraum nutzen? Wenn Sie es mit Fettabbau und Fitness ernst meinen: ja! Die modernen Maschinen dort bieten Vorteile:

- Der Belastungsverlauf ist exakt berechnet und hängt nicht von der Schwerkraft ab.
- Sie können an Ihre Grenzen gehen und selbst wieder aussteigen. Bei langsamer Bewegung ist die Verletzungsgefahr gleich null.
- Sie können die von Ihnen ausgewählte Muskelgruppe isoliert trainieren und erhalten als Resultat reinen Kraftgewinn.
- Sie können den Widerstand jederzeit problemlos verstellen.

24 starke Übungen

Was das Training effektiv macht

Die einfachsten Übungen sind immer noch diejenigen, für die man keine Hilfsmittel braucht – denken viele. Doch in Wirklichkeit erfordern Übungen gegen den Widerstand des eigenen Körpergewichts, werden sie richtig ausgeführt, ein hohes Maß an Konzentration. Zunächst kommt es auf eine langsame Bewegungsausführung an, auch bei kleinen Strecken, die in einer Übung zurückzulegen sind. Nur so wird die Muskulatur umfas-

send gekräftigt – nicht nur am Anfang und Ende der Übung – und kann zur Fettschmelze werden.
Manchmal aber ist das eigene Körpergewicht nicht geeignet für die richtige Kräftigungsübung. Entweder ist man zu leicht dafür (Gott sei Dank!), zum Beispiel bei der Übung 1, oder aber zu schwer. Dann sind Hilfsmittel gefragt. Bewährt hat sich seit einigen Jahren ein dehnbares Band aus Latex, das es in verschiedenen Stärken (leicht, mittel, stark, extra stark), Farben (sie stehen je nach Hersteller für verschiedene Stärken) und Längen (1 Meter, 2,5 Meter, 5 Meter oder als Meterware) zu kaufen gibt.
Wenn Sie öfter mit dem Band trainieren, werden Sie nicht umhinkommen, sich mehrere Exemplare anzuschaffen, denn je nach Übung variieren benötigte Länge und Stärke; und wenn Sie kräftiger werden, müssen Sie ohnehin den Widerstand erhöhen.

Qualität vor Quantität

Wichtig während einer Übung ist die richtige Stellung der Gelenke zueinander, damit die angesprochenen Muskeln gekräftigt werden – und nicht durch Ausweichbewegungen die nahe liegenden stärkeren. Halten Sie sich deshalb exakt an die Übungsbeschreibungen.
Es kann durchaus sein, dass Sie manche der Übungen nicht auf Anhieb und auch nicht 60 Sekunden lang schaffen. Das ist kein Beinbruch. Die Übungen sind so ausgewählt, dass sie zwar anspruchsvoll, aber dafür auf Dauer effektiv sind. Die Qualität der Ausführung geht immer vor der Quantität der bewältigten Wiederholungen. Sie machen auf diese Weise schneller Fortschritte bis in die Über-60-Sekunden-Zone hinein.

Übungen und Programme

Auf den folgenden Seiten finden Sie 16 Übungen ohne Zusatzgeräte sowie 8 Übungen mit Latexband, jeweils nach Körperzonen geordnet. Wenn Sie ausgewählte Übungen zu einem Programm zusammenstellen, sollte jede Körperzone mit mindestens einer Übung vertreten sein, damit Sie keine Muskelgruppe auf Dauer vernachlässigen (Beispiele für Trainingsprogramme: Seite 109).

TIPP

Atmen Sie während jeder Übung möglichst gleichmäßig. Halten Sie nicht die Luft an, um eine Bewegung zu schaffen, sondern verlassen Sie sich einzig und allein auf die Kraft Ihrer Muskulatur. Um die sogenannte Pressatmung auf alle Fälle zu vermeiden, können Sie sich darauf konzentrieren, während der Anspannung auszuatmen.

1 Fersen heben

2 Auf- und absteigen

Übungen ohne Hilfsmittel

Die Fersen heben

Stärkt die Wadenmuskulatur.

> Sie stehen mit den Fußballen auf einer Treppenstufe oder einem stabilen Kasten. Die Fersen sind frei und so weit wie möglich abgesenkt.

1 > Heben Sie über 4 Sekunden die Fersen langsam an, bis Sie auf den Zehenspitzen stehen, und bleiben Sie so 2 Sekunden lang stehen. Senken Sie danach die Fersen über 4 Sekunden wieder ab. Falls es für Sie mit zwei Füßen zu leicht ist, trainieren Sie auf einem Bein.

> 6- bis 9-mal wiederholen.

Aufsteigen, absteigen

Trainiert Oberschenkelvorderseite und Po.

> Stellen Sie einen Fuß auf eine etwa kniehohe Stufe, zum Beispiel einen stabilen Hocker. Er sollte an der Wand stehen, damit Sie sich bei Stabilitätsproblemen leicht abstützen können.

2 > Steigen Sie langsam auf die Stufe, und strecken Sie Ihr Knie über 4 Sekunden fast durch. Verharren Sie anschließend 2 Sekunden lang in dieser Stellung. Beugen Sie Ihr Knie nun wieder, und steigen Sie über 4 Sekunden so weit ab, dass die Fußspitze des Spielbeines den Boden leicht berührt.

> 6- bis 9-mal mit jedem Bein wiederholen.

Den Oberkörper einrollen

Kräftigt die gerade Bauchmuskulatur.

> Ziehen Sie in Rückenlage die Füße nahe ans Gesäß. Die Arme sind nach vorn ausgestreckt, und die Hände liegen seitlich etwa neben den Knien.

3 > Rollen Sie durch Anspannen der geraden Bauchmuskulatur Ihren Körper über 4 Sekunden so ein, dass sich der Oberkörper leicht vom Boden abhebt. Halten Sie die Endstellung 2 Sekun-

3 Oberkörper einrollen

4 Oberkörper einrollen, diagonal

den, und drücken Sie währenddessen die Lendenwirbelsäule fest gegen den Boden. Senken Sie anschließend den Rücken über ungefähr vier Sekunden langsam ab, ohne ihn vollständig auf den Boden zu legen, halten Sie vielmehr die Spannung.

> 6- bis 9-mal wiederholen.

Den Oberkörper einrollen, diagonal

Trainiert die schräge Bauchmuskulatur.

4

> Die schrägen Bauchmuskeln trainieren Sie wie die geraden in der vorherigen Übung – mit dem Unterschied, dass Sie beide Hände zuerst seitlich am linken Knie vorbeiführen.

> 6- bis 9-mal wiederholen, dann auf die rechte Seite wechseln.

Die Hüfte heben

Stärkt die gerade Bauchmuskulatur im unteren Bereich.

> Heben Sie aus der Rückenlage die Beine so vom Boden ab, dass die Hüfte im rechten Winkel gebeugt ist. Die Knie sind leicht gebeugt, die Arme liegen neben dem Körper.

5 > Heben Sie durch Anspannen der Bauchmuskeln über 4 Sekunden die Hüfte um einige Zentimeter vom Boden ab. Die Beine zeigen dabei in Richtung Decke. Halten Sie diese Position 2 Sekunden lang. Kehren Sie über 4 Sekunden langsam in die Ausgangsposition zurück. Die Übung wird umso schwieriger, je stärker Sie die Knie anwinkeln (maximal bis 90 Grad).

> 6- bis 9-mal wiederholen.

5 Hüfte heben

6 … diagonal

Die Hüfte heben, diagonal

Kräftigt die schrägen Bauchmuskeln im unteren Bereich.

> Heben Sie aus der Rückenlage die Beine so vom Boden ab, dass die Hüfte im rechten Winkel gebeugt ist; die Knie sind leicht gebeugt, die Arme liegen gestreckt neben dem Körper.

6 > Heben Sie durch Anspannen der Bauchmuskeln über 4 Sekunden die Hüfte so vom Boden ab, dass Sie nach einer leichten Drehung des Beckens mit beiden Kniegelenken in Richtung einer Schulter ziehen. Halten Sie diese Position 2 Sekunden lang. Kehren Sie über 4 Sekunden langsam in die Ausgangsposition zurück. Je stärker Sie die Knie anwinkeln, umso schwieriger die Übung.

> 6- bis 9-mal wiederholen, dann die Seite wechseln.

Den Rumpf heben

Trainiert die tiefe Rückenmuskulatur.

> Beugen Sie in Bauchlage ein Bein etwa im 90-Grad-Winkel in Hüfte und Kniegelenk, sodass es seitlich abgespreizt liegt, und legen Sie die Arme gestreckt vor Ihren Kopf.

7 > Heben Sie über 4 Sekunden durch Anspannen der tiefen Rückenmuskulatur den Rumpf an (der Kopf bleibt zwischen den Armen). Halten Sie die Endposition 2 Sekunden lang. Senken

7 Rumpf heben

8 Bein und Arm heben

Sie über 4 Sekunden den Rumpf wieder, ohne ihn vollständig auf dem Boden abzulegen.

- 6- bis 9-mal wiederholen, dann das andere Bein anwinkeln.

Bein und Arm heben

Trainiert Rücken- und Pomuskulatur.

- Beugen Sie in Bauchlage mit nach oben ausgestreckten Armen ein Bein im 90-Grad-Winkel.

8
- Heben Sie über 4 Sekunden durch Anspannen der Gesäß- und Rückenmuskulatur den Oberschenkel des gebeugten Beines sowie den gegenüberliegenden Arm an. Halten Sie die Endposition 2 Sekunden lang. Die Hand des anderen Armes stützt kräftig gegen den Boden. Kehren Sie über 4 Sekunden annähernd in die Ausgangsposition zurück, ohne jedoch die Spannung vollständig aufzugeben.
- 6- bis 9-mal wiederholen, dann das andere Bein beugen.

9 Po heben

10 Hüfte heben im Unterarmstütz

Den Po heben

Kräftigt tiefe Rückenmuskulatur, Gesäß und Oberschenkel hinten.

> Ziehen Sie in Rückenlage Ihre Füße nahe ans Gesäß. Heben Sie durch Anspannen der Gesäß- und der tiefen Rückenmuskulatur Ihren Po vom Boden ab, bis die Hüfte gestreckt ist. Strecken Sie ein Bein im Kniegelenk, und schieben Sie die Ferse hinaus.

9 > Senken Sie Ihr Gesäß langsam über 4 Sekunden ab, bis die Pobacken ganz leicht den Boden berühren, und heben Sie es danach über 4 Sekunden wieder an. Konzentrieren Sie sich über 2 Sekunden auf die starke Kontraktion der Pomuskeln in der Endstellung. Achten Sie darauf, dass die Hüfte nicht zur Seite des gestreckten Beines hin kippt.

> 6- bis 9-mal wiederholen, dann die Seite wechseln.

Die Hüfte heben im Unterarmstütz rückwärts

Trainiert tiefe Rückenmuskulatur, Gesäß und Oberschenkel hinten.

> Stützen Sie sich in Rückenlage mit gestreckten Beinen auf die Unterarme.

10 > Heben Sie über 4 Sekunden durch Anspannen des Gesäßes und der Rückenmuskulatur das Becken bis zur Hüftstreckung. Halten Sie die Endstellung für 2 Sekunden. Senken Sie Ihr Gesäß dann über 4 Sekunden bis knapp über den Boden.

> 6- bis 9-mal wiederholen.

11 Becken heben im Liegestütz

12 Gerade Linie im Unterarmstütz seitwärts

Becken heben im Liegestütz rückwärts

Stärkt tiefe Rückenmuskulatur, Gesäß und Oberschenkel hinten.

> Sie sitzen mit ausgestreckten Beinen auf dem Boden und stützen sich mit beiden Händen hinter dem Gesäß ab.

11 > Heben Sie über 4 Sekunden Ihren Po, bis die Hüfte ganz gestreckt ist, und lösen Sie darüber hinaus ein Bein vom Boden. Halten Sie diese Stellung 2 Sekunden lang. Senken Sie anschließend über 4 Sekunden Ihren Po, ohne ihn auf dem Boden abzusetzen. Achten Sie darauf, dass die Hüfte auf der Seite des angehobenen Beines nicht absinkt.

> 6- bis 9-mal wiederholen und jedes Mal das Bein wechseln, das Sie vom Boden lösen.

Gerade Linie im Unterarmstütz seitwärts

Trainiert seitliche Bauchmuskulatur, Becken- und Rumpfstabilisatoren.

> Stützen Sie sich in Seitenlage auf den Unterarm.

12 > Heben Sie über 4 Sekunden langsam den Rumpf, bis Ihr Oberkörper und die Beine eine gerade Linie bilden. Der Bauch ist währenddessen eingezogen und das Gesäß angespannt. Halten Sie diese Position 2 Sekunden lang, und senken Sie anschließend über ungefähr 4 Sekunden Ihren Rumpf langsam, ohne das Becken abzulegen.

> 6- bis 9-mal wiederholen, dann die Seite wechseln.

GU-ERFOLGSTIPP

Aktivieren und kontrahieren Sie bewusst Ihre Beckenbodenmuskulatur – vor allem während der Übungen, die die Körpermitte ansprechen. Ein aktiver Beckenboden ist eine starke Kraft- und Energiequelle. Davon profitieren Sie nicht nur beim Muskeltraining und Laufen, sondern auch jederzeit im Alltag.

Die Beine heben in Seitlage

Trainiert seitliche Bauchmuskulatur, Becken- und Rumpfstabilisatoren.

> Sie liegen gestreckt auf der Seite. Mit dem oberen Arm stützen Sie sich vor dem Körper ab, der Kopf ruht auf dem unteren, ausgestreckten Arm.

13 > Heben Sie über 2 Sekunden das obere Bein an, führen Sie unmittelbar darauf das untere Bein nach und schließen Sie es über 2 Sekunden dem oberen an. Halten Sie diese Position 2 Sekunden lang. Kehren Sie über 2-mal 2 Sekunden in die Ausgangsstellung zurück. Weichen Sie nicht mit der Hüfte nach hinten aus. Die stützende Hand stabilisiert den Oberkörper.

> 6- bis 9-mal wiederholen, dann die Seite wechseln.

TIPP

Konzentrieren Sie sich während jeder Übung auf die Muskulatur, die dadurch angesprochen werden soll. Spüren Sie die Spannung und Entspannung, und sorgen Sie auf diese Weise dafür, dass Sie die Übung richtig ausführen und sie so noch effektiver wirkt.

Gerade Linie im Unterarmstütz seitwärts

Trainiert seitliche Bauchmuskulatur, Becken- und Rumpfstabilisatoren, Außenschenkel und seitliche Pomuskulatur.

> Stützen Sie sich in Seitenlage auf den Unterarm, und heben Sie die Hüfte so an, dass Ober- und Unterkörper eine Linie bilden; dazu spannen Sie Bauch und Po kräftig an.

14 > Senken Sie das Becken über 4 Sekunden bis kurz vor den Boden ab. Kehren Sie anschließend über 4 Sekunden in die Ausgangsposition zurück.

Danach spreizen Sie das obere Bein über 4 Sekunden so weit wie möglich in Richtung Decke. Halten Sie die Endstellung 2 Sekunden lang. Kehren Sie über 4 Sekunden in die Aus-

13 Beine heben in Seitlage

14 Gerade Linie im Unterarmstütz seitwärts

gangsposition zurück. Weichen Sie mit der Hüfte weder nach hinten noch nach vorn aus.

> 6- bis 9-mal wiederholen, dann die Seite wechseln.

Gerade Linie im Unterarmstütz vorwärts

Kräftigt gerade Bauchmuskulatur, Schulter- und Rumpfstabilisatoren, Gesäß.

> Stützen Sie sich auf die Unterarme und Fußballen, und gleiten Sie von oben kommend in die vollständige Körperstreckung.

15 > Heben Sie über 4 Sekunden ein Bein vom Boden ab. Halten Sie die Endstellung 2 Sekunden lang. Kehren Sie danach über 4 Sekunden in die Ausgangsposition zurück. Achten Sie darauf, dass Ihre Hüfte nicht im Hohlkreuz zum Boden durchsackt.

> 6- bis 9-mal wiederholen und jedes Mal das Bein wechseln.

Die Arme strecken und den Po heben

Stärkt tiefe Rückenmuskulatur, Gesäß, Oberschenkel hinten, Trizeps.

> Sie sitzen mit dem Rücken zu einer Bank oder einem niedrigen Hocker. Stützen Sie sich mit den Händen auf die Sitzfläche.

16 > Strecken Sie über 4 Sekunden gleichzeitig die Arme fast und die Hüfte vollständig. Halten Sie diese Position 2 Sekunden lang. Senken Sie über 4 Sekunden langsam den Po, ohne ihn auf dem Boden abzusetzen.

> 6- bis 9-mal wiederholen, dann die Seite wechseln.

15 ... und vorwärts

16 Arme strecken und Po heben

17 Knie anwinkeln

18 Beine spreizen

19 Bein anziehen

20 Mit der Schulter zum Bein

Übungen mit dem Latexband

Die Knie anwinkeln

Trainiert die Muskulatur der Oberschenkelrückseite.

> Befestigen Sie ein Gummiband auf halber Kniehöhe, zum Beispiel an einem Tischbein. Haken Sie in Bauchlage die Ferse eines Fußes mit leicht gebeugten Knien in die freie Schlaufe des Bandes ein.

17 > Beugen Sie über 4 Sekunden Ihr Bein im Kniegelenk, bis Ihre Ferse fast den Po berührt. Halten Sie die Endstellung 2 Sekunden lang, und kehren Sie anschließend über 4 Sekunden in die Ausgangsposition zurück.

> 6- bis 9-mal wiederholen, dann das Bein wechseln.

Die Beine spreizen

Kräftigt Außenschenkel und seitliche Pomuskulatur.

> Sie sitzen mit ausgestreckten Beinen auf dem Boden. Legen Sie ein Gummiband mit enger Schlaufe um Ihre Fesseln.

18 > Spreizen Sie über 4 Sekunden Ihre leicht vom Boden abgehobenen Beine so weit wie möglich. Halten Sie die Endstellung 2 Sekunden lang. Kehren Sie anschließend über 4 Sekunden annähernd in die Ausgangsposition zurück.

> 6- bis 9-mal wiederholen.

Ein Bein anziehen

Kräftigt die Innenschenkel.

> Sie sitzen auf dem Boden, ein Bein ausgestreckt, das andere nah am Gesäß aufgestellt. Befestigen Sie das Gummiband seitlich in Höhe des Fußgelenks des gestreckten Beins, etwa an einem Tischbein. Spreizen Sie das Bein so weit wie möglich, und hängen Sie Ihre Fessel in der Schlaufe des Bandes ein.

19 > Führen Sie über 4 Sekunden Ihr leicht vom Boden abgehobenes Bein zur Mitte und ein wenig darüber hinaus. Halten Sie die Endstellung 2 Sekunden lang, und kehren Sie anschließend über 4 Sekunden in die Ausgangsposition zurück.

> 6- bis 9-mal wiederholen, dann die Seite wechseln.

Mit der Schulter zum Bein

Stärkt die gesamte Bauchmuskulatur.

> In Rückenlage mit aufgestellten Füßen legen Sie das Band mit enger Schlaufe kurz oberhalb der Knie um Ihre Oberschenkel.

20 > Heben Sie über 4 Sekunden durch Anspannen Ihrer Bauchmuskeln den Rumpf vom Boden ab, führen Sie gleichzeitig ein Bein zum Rumpf, und drehen Sie die gegenüberliegende Schulter zum Bein. Halten Sie die Endstellung 2 Sekunden lang. Kehren Sie dann über 4 Sekunden in die Ausgangsposition zurück. Die Lendenwirbelsäule muss immer vollständig am Boden bleiben.

> 6- bis 9-mal wiederholen, dann die Seite wechseln.

WICHTIG
für Ihre Sicherheit

Wenn Sie mit dem Latexband trainieren, sollten Sie Folgendes beachten:

- **Halten Sie das Band vor Beginn der Übungen gegen das Licht, und untersuchen Sie es genau auf kleine Risse oder Löcher. So vermeiden Sie, dass das Band während des Übens aufgrund von Materialermüdung reißt, was sehr gefährlich sein kann.**
- **Schnüren Sie mit dem Band keine Gelenke ab.**
- **Ziehen Sie mit dem Band nicht in Richtung Ihres Gesichts.**
- **Lösen Sie alle Knoten, bevor Sie das Band wieder weglegen.**

21 Po und Bein heben

GU-ERFOLGSTIPP

Rückenschmerzen zwingen Sie immer wieder in den »Schongang«? Sie vermeiden dann jede unnötige Bewegung – und nehmen prompt wieder zu? Beugen Sie vor und befreien Sie sich jetzt von der Rückenpein: indem Sie Ihre Muskeln kräftigen, vor allem die tiefe Rückenmuskulatur, und außerdem körperliches (Ungleich-)Gewicht abbauen – dicker Bauch ade! »Aktives Sitzen«, zum Beispiel im Büro, und dazu öfter mal aufstehen, sind weitere Zutaten für einen schmerzfreien Rücken.

Den Po und ein Bein heben

Trainiert tiefe Rückenmuskulatur, Gesäß, Oberschenkel hinten.

- Stellen Sie in Rückenlage beide Fersen ans Gesäß. Heben Sie ein Bein an, und beugen Sie es im 90-Grad-Winkel, sodass der Unterschenkel parallel zum Boden ist. Legen Sie das Gummiband über das Knie des angewinkelten Beines, und ziehen Sie es mit beiden Händen zum Boden.

21
- Heben Sie über 4 Sekunden durch Anspannen der Gesäß- und Rückenmuskulatur Ihr Gesäß bis zur vollständigen Streckung der Hüfte an. Achten Sie darauf, dass Sie den Oberschenkel des angehobenen Beines möglichst senkrecht halten. Halten Sie die Endposition 2 Sekunden lang. Kehren Sie anschließend über 4 Sekunden in die Ausgangsposition zurück.
- 6- bis 9-mal wiederholen, dann die Seite wechseln.

Halber Schmetterling

Stärkt die Brustmuskulatur.

- Befestigen Sie ein Gummiband in Schulterhöhe, beispielsweise an einem Fenstergriff. Haken Sie einen Arm am Ellenbogen in die Schlaufe ein, das Band ist gespannt. Halten Sie den Oberarm waagerecht, den Unterarm senkrecht (90-Grad-Winkel).

22
- Führen Sie den Arm über 4 Sekunden vor die Brust. Halten Sie die Endstellung 2 Sekunden lang. Kehren Sie anschließend über 4 Sekunden in die Ausgangsposition zurück.
- 6- bis 9-mal wiederholen, dann die Seite wechseln.

Rudern

Trainiert den oberen Teil der Rückenmuskulatur.

> Befestigen Sie ein Gummiband vor sich auf Schulterhöhe.

23 > Fassen Sie die beiden Enden mit gestreckten Armen so, dass das Band bereits gespannt ist, und ziehen Sie es über 4 Sekunden nach hinten. Halten Sie die Endstellung 2 Sekunden lang. Kehren Sie über 4 Sekunden in die Ausgangsposition zurück. Hände und Ellenbogen sollten stets auf Schulterhöhe bleiben.

> 6- bis 9-mal wiederholen.

Über Kreuz nach oben

Kräftigt die Schultermuskulatur.

> Stellen Sie sich auf ein Gummiband, die Füße hüftbreit. Nehmen Sie die beiden Enden über Kreuz, und richten Sie sich auf. Die Unterarme liegen vor dem Bauchnabel übereinander.

24 > Führen Sie über 4 Sekunden die leicht gebeugten Arme seitlich bis auf Schulterhöhe nach oben. Halten Sie die Endstellung 2 Sekunden lang. Kehren Sie dann über 4 Sekunden in die Ausgangsposition zurück.

> 6- bis 9-mal wiederholen.

22 ½ Schmetterling

23 Rudern

24 Über Kreuz nach oben

ZIELGERADE ZUR TRAUMFIGUR

Hungern hilft nichts – aber mit dem GLYX und den richtigen Lebensmitteln werden Sie glücklich. Und mit dem 10-Tage-Programm für Figur und Gesundheit geht's noch schneller!

Nahrung für die schlanke Linie

Bewegung verbraucht Energie und verbrennt Fett. Wenn Sie regelmäßig laufen, werden Sie unweigerlich schlanker, und zwar mit jedem Schritt.

Stellt sich nur die Frage: Warum gibt es dann Sportler, die bei – oder trotz? – täglichem Training geradezu gewaltige Körperformen entwickeln? Ganz einfach: Weil für Athleten wie Hammerwerfer, Gewichtheber oder Sumoringer die Körpermasse einer der leistungsbestimmenden Faktoren ist. Sie schlagen bei den

Mahlzeiten absichtlich zu, um kugelrund und schwer zu werden. Dicke Läufer hingegen sind dünn gesät.
Laufen ist aber nur die eine Fahrspur auf dem Weg zurück zur guten Figur. Die zweite ist die Ernährung. Hier geht es vor allem darum, ernährungsphysiologisch wertvolle Lebensmittel in der richtigen Kombination zu genießen.

Vorsicht mit Diäten!

Diäten machen dick! Sie basieren zum größten Teil auf der Kalorientheorie, die es bereits seit 1930 gibt. Dieser Theorie zufolge hat Übergewicht seine Ursache hauptsächlich darin, dass man mehr Kalorien zu sich nimmt, als man verbraucht. Stoffwechselstörungen spielen nach dieser Ansicht nur eine untergeordnete Rolle. Wenn man diese umstrittene These umkehrt, kommt man zu dem Schluss: Wer weniger Kalorien aufnimmt, als er verbraucht – wer also Diät hält –, nimmt ab. Das stimmt, zumindest solange die Diät dauert. Bis man dann wieder anfängt, genauso zu essen wie zuvor.
Was die Kalorienmathematiker außer Acht lassen, ist unser Körper. Er ist keine Maschine, deren Funktion von Eingaben und Befehlen abhängt, sondern ein Organismus, der sich entsprechend seiner über Jahrtausende erworbenen Überlebensstrategie an die Umstände anpasst.

Verflixter Jo-Jo-Effekt

Unser genetisches Programm lautet: »Wappne dich für den Ernstfall, lege Reserven an.« Das gilt für die Nahrungsaufnahme (Seite 17) genauso wie für das sportliche Training nach dem Prinzip der Superkompensation (Seite 78).
Auf ein vermindertes Nahrungsangebot, zum Beispiel 2000 statt zuvor 2500 Kilokalorien, reagiert der Körper zunächst wie gewünscht tatsächlich mit Gewichtsabnahme, beispielsweise von 70 auf 67 Kilo, bald aber auch mit Einschränkung seiner Funktionen. Auf diese Weise sorgt er dafür, dass er mit der geringeren Menge an Kalorien auskommen kann, die er zur Verfügung hat – und die Gewichtsabnahme stagniert. Sobald wir wieder normal

DAS ANTI-DIÄT-PRINZIP

Es gibt viele Ernährungs-Psychologen, die Diäten als »Einstiegsdroge für Essgestörte« bezeichnen und darauf hinweisen, dass sinnvolle und bewährte Programme weltweit dem Anti-Diät-Prinzip folgen. Denn: Je mehr Verbote es gibt, desto eher sind Heißhungeranfälle vorprogrammiert. Der Weg zum besseren Essen und damit zur besseren Figur führt stattdessen über Verhaltens-Vorsorge: Auf nichts verzichten, den XXL-Essbomben aus dem Weg gehen – und über viel Aktivität und Bewegung lebenslang einen angemessenen Ausgleich schaffen.

UMSTRITTENES DINNER-CANCELLING
Das Auslassen des Abendessens (Dinner-Cancelling) wird seit einiger Zeit als Mittel zum Abnehmen empfohlen. Es soll durch Abfallen des Blutzuckers in der Nacht zur vermehrten Ausschüttung von Wachstumshormon führen, das den Fettabbau beschleunigt. Manche Endokrinologen (Hormonforscher) halten jedoch dagegen, dass durch die natürliche Gegenregulation des Blutzuckerspiegels ein für die Fettverbrennung effektiver Anstieg des Wachstumshormons ausbleibt.

essen, nutzt der Organismus das größere Nahrungsangebot, um es in seinen Depots zu speichern, und zwar über das vorherige Maß hinaus. Rasch wiegen wir dann 72 Kilo, obwohl 65 Kilo einmal das Ziel waren.

Frustriert beginnen wir die nächste Diät mit 1500 Kilokalorien, nehmen auf 70 Kilo ab, um danach 74 Kilo zu wiegen. So geht es immer weiter: Wie ein Jo-Jo schnellt das Gewicht nach jeder Diät wieder nach oben. Und je mehr wir uns das nächste Mal einschränken, desto weniger gibt der Körper an Gewicht her, will aber umso mehr zurückgewinnen und Reserven anlegen. Ab einem gewissen Punkt nehmen wir sogar zu, wenn wir weniger essen! Belohnt werden die Bemühungen mit Müdigkeit, niedrigem Blutdruck, schlechter Laune und Gereiztheit.

Es hat also überhaupt keinen Sinn, die Kalorienmenge unter das Normalmaß zu reduzieren, um dadurch abzunehmen. Entscheidend für eine dauerhafte Gewichtsreduktion und Figurbereinigung ist nicht die Menge, sondern die Art der aufgenommenen Kalorien – aus einem Nahrungsangebot, in dem die Verteilung zwischen Eiweißen, Fetten, Kohlenhydraten, Vital- und Ballaststoffen ausgewogen ist.

Glücklich mit dem GLYX

Es gibt, wie schon erwähnt, »gute« und »schlechte« Kohlenhydrate (Seite 12). Man unterscheidet sie nach ihrer Wirkung auf den Blutzuckerspiegel (Glykämie). Die schlechten treiben den Blutzuckerspiegel weit in die Höhe. Sie haben einen hohen glykämischen Index, populär GLYX genannt. Die guten Kohlenhydrate hingegen sorgen für einen deutlich geringeren Ausschlag des Blutzuckers und werden deshalb in die Rubrik niedriger glykämischer Index eingereiht.

Zuckriger Teufelskreis

Wenn der Blutzuckerspiegel im Körper deutlich über den Normalwert von einem Gramm pro Liter Blut steigt, schüttet die Bauchspeicheldrüse das Hormon Insulin aus, um den Wert wieder auszugleichen. Je höher der glykämische Index und je größer die Menge der aufgenommenen Kohlenhydrate, umso mehr Arbeit entsteht für die Bauchspeicheldrüse. Insulin hat die Aufgabe, dafür zu sorgen, dass der Zucker in die Zellen gelangt. Der Blutzuckerspiegel sinkt daraufhin unter den Ausgangswert. Jetzt meldet das Gehirn, das sich ausschließlich von Glukose ernährt, rasch neue Gelüste auf Zuckerzeug. Wir futtern den nächsten Schokoriegel – und das Spiel beginnt von vorn.

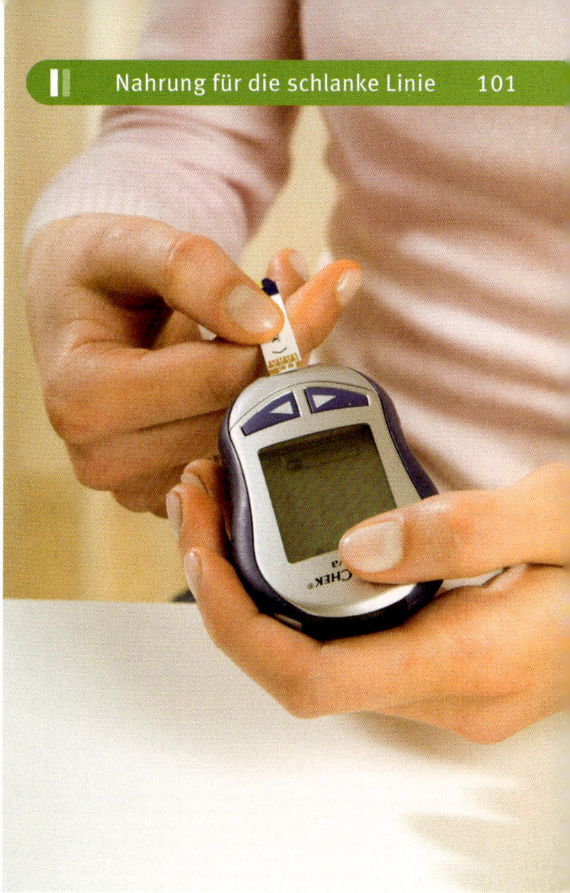

Mit modernen Geräten können Sie problemlos den Zuckergehalt in Ihrem Blut selbst messen. Ein Tropfen Blut auf den Teststreifen geben – und das Gerät zeigt in wenigen Sekunden den gemessenen Wert an.

Alles in die Speicher

Auf den Fettstoffwechsel hat Insulin einen sehr schlechten Einfluss. Es führt auf verschiedene Weise zu einer verstärkten Bildung von Fettreserven, indem es

- Zucker im Übermaß in Fett umwandelt,
- dafür sorgt, dass im Blut zirkulierende Fettsäuren in die Speicher transportiert werden,
- im Gegenzug die Fettspaltung hemmt,
- die Fettzellen vergrößert.

Wann immer wir Kohlenhydrate mit hohem glykämischem Index und gleichzeitig Fette zu uns nehmen – zum Beispiel Milchschokolade, Pommes Frites, Weißbrot mit Butter –, sorgt das ausgeschüttete Insulin dafür, dass die Fettsäuren im Blut in Depotfett umgewandelt werden. Der gesamte Stoffwechsel ist dann auf Fettspeicherung ausgerichtet. Es ist also nur die Wirkung des Insulins, die dick macht. Die eigentliche Ursache sind Lebensmittel mit hohem GLYX.

Erhöhter Blutzucker

Wenn Zucker und Fertigprodukte, Weißmehl und Limonade unser täglich Speis und Trank sind, ist Insulin in der Blutbahn ein stets gefragter Gast. Doch irgendwann läuft wegen der fortgesetzten Aufnahme von schlechten Kohlenhydraten der Insulinpegel aus dem Ruder. Ist er permanent höher als normal, dann

spricht man von Hyperinsulinismus. Der Stoffwechsel ist nun dauerhaft auf Fettspeicherung programmiert. Alles, was an Fetten hereinkommt, wird gebunkert. Und wir werden immer dicker und schwerer.
Durch die beständige Insulinausschüttung und das mittlerweile vermehrte Fettgewebe kommt es in den Zellen zur Insulinresistenz – eine der Ursachen für Typ-II-Diabetes. Der Blutzucker hat nun Schwierigkeiten, in die Zellen zu gelangen. Dadurch bleibt der Blutzuckerspiegel länger erhöht, eine neue Insulinausschüttung folgt auf dem Fuße – ein Teufelskreis, der sich zunehmend verstärkt. Der Stoffwechsel des modernen, zivilisierten Menschen, befeuert von schlechten Kohlenhydraten, ist ein dauerhafter Fettaufbaustoffwechsel.
Das Übel Übergewicht können Sie an der Wurzel packen, indem Sie durch das Essen von guten Kohlenhydraten allmählich den Insulinspiegel absenken. Wenn Sie ein ausreichend niedriges Niveau erreicht haben, kippt das System von Fettaufbau zu Fettabbau. Mit den Pfunden verabschiedet sich auch die Insulinresistenz. Sie können in Zukunft ein ausgeglichenes Gewicht ohne Schwierigkeiten halten.

GU-ERFOLGSTIPP

Wer abnehmen will, muss den Kreislauf aus permanent erhöhtem Insulinspiegel und Fettaufbau durchbrechen. Das geht nur auf einem Weg: Streichen Sie die schlechten Kohlenhydrate von Ihrem Speiseplan, und greifen Sie stattdessen zu den guten: Milch- und Vollkornprodukte, frisches Obst und Gemüse. Dann können Sie regelrecht zusehen, wie die Pfunde immer weniger werden.

Einmal links, immer wieder rechts

Schauen Sie sich die linke Spalte der Tabelle auf der Seite gegenüber an. Dort sind die Nahrungsmittel aufgeführt, von denen Sie sich in der Abnehmphase möglichst verabschieden sollten.
Das bedeutet: Bis Sie Ihr angestrebtes Gewicht und Ihre gewünschte Figur erreicht und anschließend etwa ein halbes Jahr lang gehalten haben, sind alle Dickmacher mit hohem GLYX weitgehend zu meiden.
Sehen Sie sich nun die rechte Spalte der Tabelle an. Dort finden Sie die wertvollen Lebensmittel verzeichnet, die von jetzt an den wesentlichen Anteil Ihres Speiseplans ausmachen sollten.
Auch wenn Sie Ihr Wunschgewicht erreicht und etwa ein halbes Jahr lang gehalten haben, bleiben die Dickmacher mit hohem GLYX die Ausnahme, die Schlankmacher mit niedrigem GLYX hingegen die Regel.

Das »Who's who« des GLYX

In welchen Lebensmitteln stecken die schlechten Kohlenhydrate, die Dickmacher, und in welchen die guten, die Schlankmacher? Das zeigt diese Tabelle. Sie basiert auf den Forschungen von Professor P. A. Crapo, der anhand des Glukosewertes eine Skala der Nahrungsmittel entwickelte. Er teilte danach alle Kohlenhydrate mit einem glykämischen Index über 50 in die Rubrik »schlecht« ein.

Hoher GLYX (schlechte Kohlenhydrate)		**Niedriger GLYX (gute Kohlenhydrate)**	
Bier	110	Misch- oder Kleiebrot	50
Maltose	110	Vollreis	50
Limonaden, Cola-Getränke	100	Grüne Erbsen	50
Glukose	100	Zuckerfreies Vollkornmüsli	50
Brat- und gebackene Kartoffeln	95	Frischer, ungezuckerter Fruchtsaft	40
Weißes Brot in Fastfood-Qualität	95	Roggenvollkornbrot	40
Instantreis	90	Haferflocken	40
Kartoffelpüree (Fertigprodukt)	90	Vollkornnudeln	40
Honig	90	Rote und grüne Bohnen	40
Gekochte Karotten	85	Schrotbrot	35
Cornflakes	85	Roggen	35
Brezeln	85	Milchprodukte	35
Pommes Frites	80	Trockenerbsen	35
Gezuckerte Fruchtsäfte	80	Ungezuckertes Fruchteis	35
Zucker (Saccharose)	75	Getrocknete Aprikosen	30
Baguette	70	Trockenbohnen, Linsen, Kichererbsen	30
Schokoriegel	70	Nüsse	15–30
Kekse	70	Frisches Obst	10–30
Gekochte Kartoffeln	70	Ungezuckerte Marmelade	25
Mais	70	Schokolade mit über 70 % Kakaoanteil	20
Polierter Reis	70	Fruchtzucker	20
Graubrot	65	Naturjoghurt (ohne Zucker)	15
Reife Bananen	60	Frisches Gemüse, Tomaten, Zitronen	‹ 15
Dörrobst	60	Pilze	15
Konfitüre	55	Sojabohnen	15
Nudeln	55	Erdnüsse	15

Fette sind unterschiedlich

Es ist also nicht unbedingt das Fett, das durch sein pure Anwesenheit Rettungsringe herstellt. Die Dickmacher par excellence sind vielmehr die schlechten Kohlenhydrate, die durch erhöhte Insulinausschüttung in der Blutbahn schwimmende Fettsäuren in die Depotzellen schicken.

Aber auch Fett hat seine guten und schlechten Seiten. Zunächst: Wir essen zu viel davon – im Durchschnitt etwa 140 Gramm statt maximal 80 Gramm pro Tag –, und vor allem essen wir zu viel vom falschen Fett.

Bevorzugen Sie ungesättigte Fettsäuren

> Als schlechte Fette gelten die gesättigten Fettsäuren. Sie kommen in tierischen Lebensmitteln vor: in Milchprodukten mit hohem Fettanteil, in Wurst und Fleisch, außerdem in Kokos- und Palmfett. Sie lassen den Cholesterinspiegel steigen und erhöhen so das Risiko für Herz-Kreislauf-Erkrankungen. Auch allerlei andere Zivilisationskrankheiten begünstigen sie – und natürlich Übergewicht. Im Durchschnitt nehmen wir 60 Prozent an gesättigten Fettsäuren auf. Das ist eindeutig zu viel.

> Die guten Fette hingegen warten mit einfach und mehrfach ungesättigten Fettsäuren auf. Sie sind bei Zimmertemperatur flüssig und wertvolle Nahrungsbestandteile, die der Körper nicht selbst herstellen kann und die deshalb mit dem Essen zugeführt werden müssen. Zu den wichtigsten Lieferanten zählen Fisch, Samen, Nüsse und Oliven. Auch etliche Ölsorten gehören dazu: Olivenöl, Distelöl, Kürbiskernöl, Rapsöl, Sesamöl, Sonnenblumenöl, Traubenkernöl, Walnussöl, Weizenkeimöl und andere. Kochen, backen, braten und dünsten Sie zum Abnehmen nur noch mit diesen pflanzlichen Ölen. Zum Anrichten und Abschmecken von Salaten, Saucen und Dips sind sie von jeher unschlagbar.

In Olivenöl, Rapsöl, Leinöl und Konsorten sind jede Menge wichtiger Nährstoffe enthalten, die wir täglich brauchen – vor allem natürlich die ungesättigten Fettsäuen, die uns so gut tun.

Die Kombination ist entscheidend

Gute und schlechte Kohlenhydrate, gute und schlechte Fette: Wenn zwei schlechte Elemente auf einem Teller zusammenkommen, öffnen die Fettzellen ihre Pforten sperrangelweit. Vermeiden Sie deshalb Zusammenstellungen wie die folgenden:

- Nudeln mit Sahnesoße,
- Baguette mit fettreichem Käse,
- Speck mit Kartoffeln.

Gut kombiniert hingegen haben Sie, wenn zum Beispiel folgende Gerichte vor Ihnen stehen:

- Hühnchenbrust mit Salat,
- Vollkornbrot mit Gemüsesticks,
- frisches Obst mit Haferflocken und Nüssen,
- Naturreis mit Seefisch oder Meeresfrüchten.

Leider hat auch die Kartoffel – ansonsten eine gesunde Knolle – einen hohen GLYX. Genießen Sie sie daher lieber sparsam, und achten Sie darauf, dass sie nur zusammen mit fettarmen Speisen auf den Tisch kommt.

Eiweiß baut auf

Aus 22 Eiweißbausteinen, den Aminosäuren, baut unser Körper ständig neue Zellen, rüstet die Abwehrkräfte des Immunsystems, stellt Hormone und Enzyme her (Seite 14 f.).

Wir brauchen am Tag laut Empfehlung der Deutschen Gesellschaft für Ernährung (DGE) etwa 0,8 bis 1 Gramm Eiweiß pro Kilogramm Körpergewicht. Als Läufer sollten Sie getrost ein wenig mehr Eiweiß zu sich nehmen: 1,2 bis 1,5 Gramm pro Kilo Körpergewicht.

Eiweiß ist sowohl in tierischen als auch in pflanzlichen Lebensmitteln enthalten. Zu den gesunden Eiweißlieferanten zählen vor allem magere Milchprodukte, Fisch, Geflügel, Hülsenfrüchte, Vollkornmehl, Nüsse und Samen.

Verteilen Sie Ihre Eiweißaufnahme über den Tag, je Mahlzeit 10 bis 20 Gramm. Wenn Sie zu viel Protein auf einmal essen, scheidet der Körper über die Niere aus, was er aktuell nicht braucht.

- **10 Gramm Eiweiß** sind beispielsweise in 300 Gramm Joghurt, 80 Gramm Haferflocken oder 35 Gramm Erdnüssen enthalten.
- **20 Gramm Eiweiß** stecken in 100 Gramm Mozzarella, 150 Gramm Magerquark oder 100 Gramm Thunfisch.

TIPP

Achten Sie in Ihrer Ernährung grundsätzlich und beim Abnehmen erst recht auf ein ausgewogenes Verhältnis zwischen gutem Fett (einfach und mehrfach ungesättigte Fettsäuren), guten Kohlenhydraten (mit niedrigem GLYX), ausreichend Eiweiß und Ballaststoffen. Beispiele für günstige Speisenkombinationen finden Sie im Turbo-Fatburner-Programm ab Seite 108.

Halten Sie es außerdem wie die Südländer: Essen Sie wenig tierisches Fett, stattdessen mehr pflanzliche Öle und viel Fisch.

Wertvoller Ballast

»Das hat keinen Nährwert«, sagt der Volksmund abschätzig. Vor allem in Gemüse, Obst und rohem Getreide sind Stoffe enthalten, die tatsächlich keinerlei Nährwert besitzen. Trotzdem spielen diese Bestandteile bei der Verdauung eine außerordentlich wichtige Rolle: Die Rede ist von den Ballaststoffen.

Besonders deren Bestandteile Cellulose, Lignin, Pektin sowie Pflanzenmehl und Quellstoffe sorgen für eine reibungslose Passage der verdauten Nahrung im Darm. Fehlen sie, kann es leicht zu Verstopfung kommen. Ballaststoffreiche Lebensmittel – dazu gehören alle Frischgemüse und Salate, Chicorée, Erbsen, Spinat, grüne Bohnen, Obst und Getreide – sind außerdem reich an Vitaminen und Spurenelementen.

Manche Ballaststoffe aktivieren die Ausschüttung von Gallensalzen, die Fette verdauen. Sie hemmen außerdem im Darm die Aufnahme von Fett und Kohlenhydraten: Weniger Fett senkt das Arterioskleroserisiko, verminderte Kohlenhydrataufnahme beugt der Erhöhung des Blutzuckerspiegels vor.

Womit bewiesen wäre: Allein auf den Nährwert kommt es für den Organismus nicht an. Ballaststoffe gehören zu einer gesunden Ernährung unbedingt dazu.

TIPP

Für Sportler, also auch Läufer, am besten geeignet ist die gute alte Apfelsaftschorle. Der Apfelsaft liefert Kalium für verbesserte Muskelkontraktion, im Wasser sind Magnesium für die gute Sauerstoffversorgung der Zellen und Kalzium für Beweglichkeit, Koordination und schnelle Reaktionen gelöst.

Trinken Sie viel!

Obwohl reichliche Flüssigkeitszufuhr für einen gesunden Organismus sehr wichtig ist, trinken die meisten Menschen viel zu wenig. Sie vergessen es einfach. Drei Liter Flüssigkeit sollten Sie über den Tag verteilt zu sich nehmen; als Sportler noch mehr!

Gegen das Vergessen hilft es, das Trinken fest in den Tagesablauf zu integrieren, zum Beispiel morgens und zu allen Mahlzeiten ein bis zwei Glas Mineralwasser, Kräuter-, Früchtetee oder Schorle zu trinken. Toll schmecken auch frisch gepresste Säfte oder ungesüßte Fruchtsäfte aus der Flasche, mit Wasser verdünnt.

In die empfohlene Trinkmenge von drei Litern sind Kaffee, schwarzer und grüner Tee sowie Alkohol nicht mit eingerechnet – im Gegenteil: Sie regen die Nierentätigkeit an und bringen den Körper dazu, vermehrt Flüssigkeit auszuscheiden. Jede Tasse, jedes Glas dieser Genussgetränke sollte deshalb mit derselben Menge Wasser ausgeglichen werden.

Überflüssige Getränke

Sport- und Iso-Drinks sind für Sportler völlig überflüssig. Sie bringen nichts, was Wasser oder Apfelschorle nicht besser könnten. Beeindruckend ist nur der Preis, der für das Lifestyle-Gefühl hingelegt werden muss.

Für Abnehmer ganz tabu sind Limonaden und Cola-Getränke, die enorm viel Zucker enthalten. Aber auch des Deutschen Nationalgetränk, das Bier, ist ein Dickmacher. In ihm steckt Maltose, das den Blutzuckerspiegel noch höher peitscht als reiner Zucker. Außerdem schwimmen im Bier pflanzliche Hormone aus dem Hopfen, die Männern recht unwillkommene Rundungen bescheren: zwei zarte Brüste, vor allem aber die mächtige Wölbung über dem Bauchnabel, vulgo Bierbauch genannt …

GU-ERFOLGSTIPP

»Schlankstoffe« in Lebensmitteln, die den Fettstoffwechsel fördern – gibt es das wirklich? Ernährungswissenschaftler Prof. Dr. Michael Hamm hat überprüft, was beim Abnehmen hilft:

> **Carnitin** (enthalten in Fleisch) fördert die Durchblutung und erweitert die Gefäße. Das kann während des Ausdauertrainings die Fettverbrennung begünstigen.

> **Chrom** (in Vollkorngetreide, Pflaumen, Fleisch, Ei, Brokkoli) hilft bei gestörter Glukoseverwertung gegen extreme Blutzuckerschwankungen und Heißhungerattacken.

> **Enzyme** aus Ananas, Mango und Papaya unterstützen zwar die Eiweißverdauung in Magen und Darm, verbrennen aber kein Fett.

> **Koffein** macht nicht nur wach, sondern verstärkt auch den Abbau von Körperfett zu freien Fettsäuren. Diese müssen aber noch verbrannt werden – das klappt am besten mit Ausdauersport.

> **Magnesium** – in Nüssen, Samen, Getreide, Naturreis und Hirse enthalten – ist für den Stoffwechsel wichtig, eine Mehraufnahme verstärkt aber nicht die Fettverbrennung.

> **Meeresalgen** begünstigen wegen ihres hohen Jodgehalts zwar die Produktion von Schilddrüsenhormonen, die Gleichung »mehr Jod, mehr Fettverbrennung« geht aber nicht auf. Nur bei Jodmangel ist eine verstärkte Jodzufuhr wichtig und sinnvoll.

Das Turbo-Fatburner-Programm

Laufen Sie schon eine Weile, sind aber mit Ihrer Figur noch immer nicht ganz zufrieden? Hatten Sie in letzter Zeit viel zu tun und wenig Zeit zu trainieren? Oder ist allmählich der Schlendrian eingekehrt, und Sie wollen Ihren Fettzellen wieder einen Kick geben? Dann ist das folgende Zehn-Tage-Programm für Sie ideal. Am besten wäre es, wenn Sie zehn Tage Urlaub nehmen und diese Zeit ganz Ihrem Körper widmen könnten. Falls das nicht geht, beginnen Sie einfach an einem Freitag.

10 Tage für Figur und Gesundheit

Die Kräftigungsübungen und vor allem das Lauftraining sind eigens so zusammengestellt, dass das Programm freitags beginnt und am Sonntag der folgenden Woche endet. An den zwei Wochenenden sind die Anforderungen etwas höher angesetzt, weil Sie dann mehr Zeit haben.
Für die Kräftigungsprogramme benötigen Sie 25 bis 30 Minuten, wenn Sie zwischen den Übungen etwa eine Minute pausieren. Die Läufe dauern 30 bis 60 Minuten; die langen, langsamen Läufe je nach Wollen und Können eine bis maximal zwei Stunden.

Welche Voraussetzungen Sie mitbringen sollten

Um das gesamte Programm zu absolvieren, brauchen Sie bereits etwas Lauferfahrung. Mindestens 30 Minuten ohne Unterbrechung sollten Sie durchhalten können.

Kräftigungsprogramme

Die Kräftigungsprogramme 1, 2 und 3 setzen sich aus den Übungen der Seiten 82–95 zusammen, die sowohl ohne als auch mit elastischem Band ausgeführt werden.

- Die Übungen zu **Programm 1** absolvieren Sie in dieser Reihenfolge: **1, 2, 3, 4, 7, 10, 12, 15.**
- Die Übungen zu **Programm 2** in dieser Reihenfolge: **5, 6, 8, 20, 21, 13, 22, 23.**
- Die Übungen zu **Programm 3** in dieser Reihenfolge: **9, 17, 18, 19, 11, 14, 24, 16.**

Hauptsache, Sie fühlen sich wohl

Wenn Sie sich mit dem ganzen Programm wohl fühlen – prima! Individuelle Abweichungen sind aber erlaubt. Wenn Sie mal keinen Hunger haben, dann lassen Sie einfach eine Zwischenmahlzeit weg.
Sorgen Sie für genug Erholung. Schlafen Sie viel, trinken Sie viel. Ihr Körper wird es Ihnen danken. Falls Sie sich überfordert fühlen, reduzieren Sie das Programm oder legen einen Tag Laufpause ein. Weniger ist oft mehr. Der Spaß ist am wichtigsten.

TIPP: Programm für Lauf-Anfänger

Falls Sie Einsteiger und damit noch untrainiert sind, ist das komplette Programm für Sie nicht geeignet. Für Sie gilt:

- der Essensplan,
- das Kräftigungsprogramm von Tag 1 bis 5, auf 10 Tage verteilt (jeweils mit einem Tag Pause dazwischen),
- ein einfaches Laufprogramm, wobei Sie sich je nach Leistungsstand an das Einsteigerprogramm auf Seite 70 f. halten.

Erster Tag

Kräftigung: Programm 1

TAGESABLAUF
Bevor es losgeht, noch ein Hinweis: Die Reihenfolge der Übungen und Mahlzeiten entspricht dem Tagesablauf.

Zum Frühstück: Früchte-Buttermilch-Müsli

1 kleiner Apfel | 3 EL Orangensaft | 1 Aprikose | 4 EL Haferflocken | ½ EL Weizenkleie | 200 ml Buttermilch | 1 TL Honig

> Das Obst klein schneiden und mit den übrigen Zutaten mischen.

Zum Mittagessen: Rinderfilet mit Tagliatelle

80 g Rinderfilet | 50 g Champignons | ½ Knoblauchzehe | 1 kleine Zwiebel | 2 TL Öl | Salz | 100 g Tiefkühl-Blattspinat | 2 TL Sojasoße | 50 ml Gemüsebrühe | 1 Prise Zucker | 100 g Vollkorntagliatelle | Ingwerpulver | Pfeffer

1 Fleisch waschen, in dünne Streifen schneiden. Pilze putzen, in Scheiben schneiden. Knoblauch und Zwiebel schälen und hacken.

2 Knoblauch und Zwiebel im heißen Öl leicht anbraten. Fleisch dazugeben und anbraten. Champignons, Spinat, Sojasoße, Gemüsebrühe und Zucker hinzugeben, bei schwacher Hitze etwa 10 Minuten garen.

3 Inzwischen die Nudeln in Salzwasser bissfest kochen und unter die Fleisch-Gemüse-Mischung geben. Mit Ingwer, Salz und Pfeffer abschmecken.

Zwischendurch: Apfelquark
1 Apfel klein schneiden und mit 2 EL Magerquark (0,2 %), 1 TL Apfeldicksaft und etwas Zimt verrühren.

Laufen

> 30 Minuten langsamer Dauerlauf mit zirka 65 % des Maximalpulses.

Zum Abendessen: Schinken-Tomaten-Salat

100 g gekochter Schinken | 50 g Champignons | 1 Tomate | einige Zweige Basilikum | 1–2 EL Rapsöl | 1 EL Weißweinessig | Salz | Pfeffer | einige Blätter Chicorée

1 Schinken in Streifen schneiden. Pilze putzen, in Scheiben schneiden. Tomaten waschen, putzen und achteln. Basilikumblätter waschen, klein schneiden.

2 Öl, Essig, Pfeffer und Salz verrühren und unter die Zutaten heben. Chicorée waschen, den Salat damit dekorieren.

Zweiter Tag

Kräftigung: Programm 2

Laufen

> Nüchternlauf: 30 Minuten normaler Dauerlauf mit etwa 75 % des Maximalpulses.

Zum Frühstück: Ei-Paprika-Brot

1 hart gekochtes Ei | 1 Scheibe Vollkornbrot | ½ TL Butter | ¼ rote Paprika | etwas Kresse

> Das Brot mit Butter bestreichen, mit Eierscheiben, Paprikastreifen und Kresse belegen.

Mittags gibt's Fisch: Der Seehecht wird auf seinem Lauchbett mit Käse überbacken.

Zum Mittagessen: Seehechtfilet auf Lauchbett

150 g Seehechtfilet | Salz | Pfeffer | 1 Schalotte | 50 g Lauch | 2 TL Olivenöl | 50 ml Weißwein | 2 EL geriebener Edamer | 1 EL Semmelbrösel | Beilage: Vollkornreis

1 Ofen auf 180 °C vorheizen. Fisch salzen und pfeffern.

2 Schalotte schälen, fein hacken. Lauch waschen, putzen, in feine Ringe schneiden. Beides im heißen Öl andünsten, den Wein angießen.

3 Das Gemüse in eine Gratinform geben, Fischfilet darauf legen, im Ofen etwa 10 Minuten garen.

4 Käse und Brösel mischen, auf dem Fisch verteilen. Weitere 3 Minuten überbacken.

Zwischendurch: Heidelbeermilch

50 g Heidelbeeren zusammen mit 150 ml Magermilch (0,2 %) und 1 TL Ahornsirup pürieren.

Laufen

> 5 Minuten warmlaufen. Intervalltraining: 1 bis 2 Minuten schnelles Tempo, Herzfrequenz bis auf 85 bis 95 % des Maximalpulses steigern, dann langsam traben, bis 65 % des Maximalpulses erreicht sind, insgesamt 6 Intervalle. Zum Abschluss 10 Minuten locker traben.

Zum Abendessen: Zucchini-Carpaccio

50 g Tilsiter | 1 Zucchini | 2 TL Balsamico-Essig bianco | 1 EL Olivenöl | Salz | Pfeffer | ½ rote Paprika | einige Frühlingszwiebeln | einige Basilikumblätter

1 Tilsiter in 3 cm große Quadrate schneiden. Zucchini waschen, in dünne Scheiben schneiden.
2 Käse- und Zucchinischeiben abwechselnd auf einen Teller schichten. Mit Essig und Öl beträufeln, salzen und pfeffern.
3 Paprika waschen, entkernen, würfeln. Frühlingszwiebeln waschen, in dünne Ringe schneiden. Beides auf das Carpaccio geben. Mit Basilikum bestreuen.

Dritter Tag

Kräftigung: Programm 3

Zum Frühstück: Erdbeerdickmilch

50 g Erdbeeren | 100 ml Dickmilch | 1 TL Honig | 1–2 EL kernige Haferflocken

> Klein geschnittene Erdbeeren, Honig und Haferflocken in die Dickmilch einrühren.

Zwischendurch: Mangojoghurt

½ Mango mit 200 g fettarmem Joghurt pürieren und mit 1 TL Honig süßen.

Zum Mittagessen: Pellkartoffeln mit Paprikaquark

200 g Kartoffeln | je ¼ rote und gelbe Paprika | 150 g Magerquark | evtl. etwas Magermilch | Salz | Pfeffer | Paprikapulver | 2 TL Schnittlauchröllchen

1 Kartoffeln waschen, mit der Schale in Salzwasser garen.
2 Inzwischen Paprika waschen, putzen, würfeln, unter den Quark rühren, eventuell etwas Magermilch zugeben. Mit Salz, Pfeffer und Paprika würzen. Schnittlauch darüber streuen.
3 Kartoffeln pellen und mit dem Quark servieren.

Laufen

> Langer, langsamer Dauerlauf mit etwa 65 % des Maximalpulses, etwa eine bzw. je nach Vermögen bis zu zwei Stunden.

Zum Abendessen: Nudelsalat mit Thunfisch und Gemüse

100 g Vollkornnudeln | 1 kleine Möhre | 50 g Zucchini | ½ Stange Lauch | 1 TL Olivenöl | 2 EL Erbsen (Dose) | 1 Essiggurke | ½ Zwie-

bel | 50 g Thunfisch im eigenen Saft | 1 EL Essig | 1 EL fettarmer Joghurt | ½ TL Senf | Salz | Pfeffer | 1 EL Schnittlauchröllchen

1 Nudeln in Salzwasser bissfest garen. Möhre waschen, putzen, klein würfeln. Zu den Nudeln geben und mitkochen.

2 Zucchini waschen, putzen, würfeln. Lauch waschen, längs halbieren, in Scheiben schneiden. Zucchini, Lauch und Erbsen im Öl anbraten.

3 Nudeln abgießen, mit dem gebratenen Gemüse mischen.

4 Gurke und Zwiebel würfeln. Thunfisch etwas zerkleinern. Essig, Joghurt und Senf miteinander verrühren, mit Salz und Pfeffer würzen.

5 Alle Zutaten miteinander mischen, ziehen lassen, Schnittlauchröllchen darüber streuen.

Vierter Tag

Kräftigung: Programm 2

Zum Frühstück: Fitnessmüsli

1 Apfel | 2 getrocknete Aprikosen | einige blaue Trauben | 100 g Magerjoghurt | 2 EL Haferflocken | 1 EL Pinienkerne

> Apfel in Stückchen schneiden und mit den übrigen Zutaten und dem Joghurt verrühren.

Zum Mittagessen: Bunte Nudelpfanne

100 g Vollkornspiralnudeln | 75 g Möhren | 75 g Zucchini | 1 kleine Zwiebel | 2 TL Rapsöl | 75 g Tiefkühl-Erbsen | 2 TL gehackte Minze | Salz | Pfeffer

1 Nudeln in Salzwasser bissfest garen. Möhren und Zucchini waschen und putzen. Möhren würfeln, Zucchini in dünne Scheiben schneiden.

2 Zwiebel schälen, würfeln, im heißen Öl glasig dünsten. Möhren, Zucchini und Erbsen hinzugeben und mitgaren.

3 Nudeln, Gemüse und Minze mischen. Salzen und pfeffern.

Laufen

> Glückwunsch, Sie haben nun schon fast vier Tage geschafft! Heute steht Erholung auf dem Programm. Absolvieren Sie einfach ein entspannendes Dehnprogramm (siehe Seite 54–59).

TIPP

Nach drei Tagen Lauftraining sollten Sie den vierten, den lauffreien Tag, auf alle Fälle in besonderer Art und Weise genießen. Belohnen Sie sich mit einer angenehmen Aktivität – oder legen Sie sich einfach eine Stunde lang aufs Sofa. Frisch erholt gehen Sie am Tag darauf wieder neu motiviert ans Werk.

Zwischendurch: Obstsalat

200 g Erdbeeren und ¼ Honigmelone in kleine Stücke schneiden, mischen und mit 2 TL Kürbiskernen bestreuen.

Zum Abendessen: Tomatensuppe

50 g Knollensellerie | ½ Zwiebel | 1 kleine Knoblauchzehe | einige Zweige Petersilie | 300 g reife Tomaten | 2 TL Olivenöl | 60 ml Rotwein | Cayennepfeffer | 1–2 TL Gemüsebrühe | ½ TL Honig | 3 EL saure Sahne | einige Basilikumblättchen | Beilage: Vollkorntoast

1 Sellerie schälen, waschen, würfeln. Zwiebel und Knoblauch schälen und hacken. Petersilie waschen, von den Stielen zupfen, hacken.

2 Tomaten waschen, halbieren, putzen und in 100 ml Wasser etwa 5 Minuten kochen. Durch ein Sieb streichen.

3 Öl erhitzen. Sellerie, Zwiebel, Knoblauch darin anbraten. Tomaten, Petersilie, Rotwein zugeben. Mit Cayennepfeffer, Gemüsebrühe und Honig würzen. Zugedeckt etwa 15 Minuten köcheln lassen.

4 Suppe pürieren und mit saurer Sahne verfeinern. Mit Basilikumblättchen bestreuen.

Fünfter Tag

Kräftigung: Programm 1

Zwischendurch: Heidelbeer-Kefir-Drink

100 g Heidelbeeren mit 200 ml Kefir pürieren, 2 EL zarte Haferflocken und 1 TL Ahornsirup dazugeben und noch mal kurz pürieren.

Zum Frühstück: Radieschenbrot

1 Scheibe Vollkornbrot | 2 TL körniger Frischkäse | ½ Bund Radieschen | Salz und Pfeffer

> Brot mit Frischkäse und Radieschenscheiben belegen, würzen.

Zum Mittagessen: Putengeschnetzeltes

½ Zucchini | 1 Möhre | ½ Zwiebel | ½ Knoblauchzehe | 150 g Putenbrustfilet | 2 TL Rapsöl | 1–2 TL Currypulver | Salz | schwarzer Pfeffer | 70 ml Hühnerbrühe | 1 TL Speisestärke | 1–2 TL Sojasoße | Beilage: Vollkornreis

1 Zucchini und Möhre waschen, putzen, würfeln. Zwiebel und Knoblauch schälen, beides fein hacken.

2 Putenbrustfilet waschen, in dünne Streifen schneiden, im Öl anbraten. Mit Curry, Salz und Pfeffer würzen. Knoblauch, Zwiebel und Gemüse mitbraten. Brühe angießen und zugedeckt etwas köcheln lassen.

3 Stärke in kaltem Wasser anrühren und zum Fleisch geben. Kurz aufkochen und mit Sojasoße, Curry, Salz und Pfeffer abschmecken.

Laufen

> 50 bis 55 Minuten Dauerlauf:

je 15 Minuten mit 60 bis 70 % des Maximalpulses (1. Gang), mit 70 bis 80 % des Maximalpulses (2. Gang) und mit 80 bis 90 % des Maximalpulses (3. Gang); zum Abschluss noch 5 bis 10 Minuten locker traben.

Zum Abendessen: Bruschetta

4 Scheiben Vollkornbaguette | 2 Tomaten | 2 TL Olivenöl | 1 EL gehacktes Basilikum | Salz | Pfeffer | 1 Knoblauchzehe

1 Brotscheiben beidseitig rösten.

2 Tomaten waschen, vierteln, entkernen und würfeln. Im heißen Öl erhitzen. Etwas abkühlen lassen, Basilikum unterrühren und mit Salz und Pfeffer würzen.

3 Knoblauchzehe halbieren, die Brote damit einreiben. Tomaten darauf verteilen.

Köstliche Erinnerung an Italien – oder zumindest an so manchen schönen Abend beim Italiener: Bruschetta.

Sechster Tag

Kräftigung: Programm 3

Zum Frühstück: Rührei-Brot

2 Scheiben Vollkornbrot | Butter | einige Salatblätter | 2 Scheiben Lachsschinken ohne Fettrand | 2 Eier | 1 TL Schnittlauchröllchen

> Rühreier zubereiten, die Brotscheiben dünn mit Butter bestreichen und mit Salat, Schinken, Rührei und Schnittlauchröllchen belegen.

Zum Mittagessen: Kartoffelpfanne Asia

80 g Rinderfilet | 1 EL Sojasoße | 1 TL Zitronensaft | ½ TL Speisestärke | 1 kleine Möhre | 100 g festkochende Kartoffeln | 2 Frühlingszwiebeln | 1 EL Rapsöl | Salz | Pfeffer | 50 ml Gemüsebrühe | 30 g Sojabohnensprossen | 1 EL trockener Sherry | 1 TL geriebener Ingwer

Mal was Asiatisches zum Mittagessen: Rinderfilet, Kartoffeln und Sojasprossen, köstlich gewürzt.

1 Das Fleisch waschen, in Streifen schneiden und mit Sojasoße, Zitronensaft und Speisestärke vermischen. Das Ganze etwa 20 Minuten lang ziehen lassen.
2 Möhren waschen, putzen, Kartoffeln schälen. Beides in dünne Stifte schneiden. Frühlingszwiebeln waschen, in dünne Ringe schneiden.
3 Öl im Wok erhitzen, das Fleisch darin anbraten und herausnehmen.
4 Möhren- und Kartoffelstifte im Wok andünsten. Brühe und restliche Marinade angießen und alles etwa 5 Minuten garen.
5 Fleisch, Sprossen und Frühlingszwiebeln in den Wok geben und mitgaren. Mit Salz, Pfeffer, Sherry, Ingwer würzen.

Zwischendurch: Paprika mit Dip

1 Paprika in Streifen schneiden und mit einem Dip aus 30 g fettarmem Frischkäse genießen.

Laufen

> 30 Minuten normaler Dauerlauf, etwa 75 % des Maximalpulses.

Zum Abendessen: Lachsomelett

1 Ei | Salz | Pfeffer | 1 Msp. Cayennepfeffer | 1 EL gehackter Dill | 1 EL Schnittlauchröllchen | 50 g Räucherlachs | 1 TL Öl | 1 Scheibe Vollkornbrot

1 Ei, Gewürze und Kräuter verquirlen.
2 Lachs in dünne Streifen schneiden.
3 Öl in einer beschichteten Pfanne erhitzen. Eimischung und Lachsstreifen hineingeben und zu einem Omelett stocken lassen.
4 Auf dem Brot anrichten.

Siebter Tag

Kräftigung: Programm 2

Zum Frühstück: Orangenmüsli

1 Orange | 1 EL gehackte Walnüsse | 3–4 EL kernige Haferflocken | 250 ml fettarme Milch | 2 TL Honig

> Orangenstücke, Walnüsse und Haferflocken mischen, Milch darüber gießen, das Müsli mit Honig süßen.

Zum Mittagessen: Hähnchensalat

100 g Hähnchenbrustfilet | Salz | Pfeffer | 2 TL Rapsöl | 1 Grapefruit | 1 kleine rote Zwiebel | ½ Avocado | 2 TL Zitronensaft | 1 EL Weißweinessig | 1 Prise Zucker | 1 EL Olivenöl | 1 EL Schnittlauchröllchen | Beilage: Vollkornbrötchen

1 Fleisch waschen, salzen, pfeffern. Im heißen Öl gar braten. Etwas abkühlen lassen und in Streifen schneiden.

2 Grapefruit schälen, filetieren, halbieren. Zwiebel schälen, in Ringe schneiden. Avocado entsteinen, schälen und in dünne Streifen schneiden, mit Zitronensaft beträufeln.

3 Essig, Zucker, Öl und Schnittlauchröllchen verrühren. Mit Salz und Pfeffer würzen. Fleisch, Avocado, Grapefruit und Dressing vermengen.

Zwischendurch: Kohlrabiquark

½ Kohlrabi raspeln und mit 1 EL gehackten Kräutern und 1 EL Magerquark verrühren.

Laufen

> Lassen Sie etwa 45 Minuten – wenn möglich in hügeligem Gelände – Ihrer Lust und Laune freien Lauf: Variieren Sie spielerisch das Tempo von Gehen bis Sprint. Und laufen Sie mal im Slalom, hüpfen Sie, springen Sie ...

Zum Abendessen: Gärtnerinnensuppe

125 g Blumenkohl | 50 g Zuckerschoten | ½ rote Paprika | 250 ml Gemüsebrühe | 1 Scheibe Vollkorntoast | 1 TL Butter | 1 TL geriebener Parmesan | Salz | Pfeffer | 1 TL gehackte Petersilie

1 Das Gemüse waschen und putzen. Blumenkohl in kleine Röschen schneiden, Zuckerschoten in Rauten, Paprika in Würfel.

2 Brühe aufkochen und das Gemüse darin 15 Minuten garen.

3 Toast würfeln, in heißer Butter rösten, mit dem Parmesan mischen.
4 Suppe salzen und pfeffern, mit Petersilie und den gerösteten Brotwürfeln bestreuen.

Achter Tag

Laufen

> Nüchternlauf: 30 Minuten langsamer Dauerlauf mit etwa 65 % des Maximalpulses.

Zum Frühstück: Frischkäsebrot mit Putenbrust

1 EL fettreduzierter Frischkäse | 1 EL Haferflocken | Zitronensaft | ½ TL Meerrettich | 1 Scheibe Vollkornbrot | 1 Scheibe Putenbrustaufschnitt

> Frischkäse mit Haferflocken, Zitronensaft und Meerrettich verrühren. Die Mischung aufs Brot streichen, mit der Putenbrust belegen.

Zwischendurch: Grapefruit mit Honig

1 Grapefruit halbieren, die Hälften mit 1 TL Honig beträufeln.

Zum Mittagessen: Rinderfilet auf Ratatouille

100 g Kartoffeln | Salz | ½ kleine Aubergine | 1 kleine Zucchini | ½ rote Paprika | ½ gelbe Paprika | 2 kleine Tomaten | 1 EL Olivenöl | schwarzer Pfeffer | 1 Zweig Thymian | 125 g Rinderfilet

1 Kartoffeln schälen und in Salzwasser garen.
2 Aubergine, Zucchini, Paprika und Tomaten waschen, putzen, würfeln. Gemüse in etwas heißem Öl andünsten. Etwas Wasser dazugießen und mit Salz und Pfeffer würzen. Thymian dazugeben und das Ganze etwa 20 Minuten köcheln.
2 Fleisch waschen, mit etwas Öl bestreichen und in einer beschichteten Pfanne pro Seite etwa 2 Minuten braten, anschließend würzen.

Kräftigung: Programm 3

Zum Abendessen: Schinkensandwich

2 Scheiben Vollkorntoast | 1 Salatblatt | 1 Radieschen | 1 Essiggurke | 1 TL saure Sahne | 1 Scheibe gekochter Schinken

1 Brot toasten. Salat und Radieschen waschen. Radieschen und Gurke in Scheiben schneiden.

Am achten Abend bleibt die Küche kalt, aber kreativ: Salat, Radieschen und Gurke, frisch und knackig, machen das Schinkensandwich attraktiv.

2 Eine Toastscheibe mit saurer Sahne bestreichen, mit Salat, Schinken, Radieschen und Gurke belegen, mit der zweiten Toastscheibe bedecken.

Neunter Tag

Kräftigung: Programm 1

Laufen

> Nüchternlauf: 45 Minuten langsamer Dauerlauf mit etwa 65 % des Maximalpulses.

Zum Frühstück: Trinkmüsli

1 Orange | ½ Banane | 100 ml Apfelsaft | 2 EL Weizenkeime | 100 ml Buttermilch | 3 EL zarte Haferflocken

Orange und Banane schälen und in grobe Stücke schneiden. Die Früchte mit den restlichen Zutaten mixen und in ein großes Glas füllen.

Zum Mittagessen: Gemüsepaella

½ kleine Zucchini | ½ rote Paprika | ¼ Aubergine | 50 g Champignons | 1 kleine Zwiebel | 1 kleine Knoblauchzehe | 1–2 EL Olivenöl | 50 g Vollkornreis | 2 Msp. Safran | 150 ml Gemüsebrühe | 2 EL Tiefkühl-Erbsen | Salz | etwas gehackte Petersilie

1 Das Gemüse waschen, putzen und klein schneiden.

2 Zwiebel und Knoblauch schälen, hacken und im heißen Öl glasig dünsten. Reis dazugeben und mitbraten. Safran und Gemüse hinzufügen und etwas schmoren lassen.

4 Brühe angießen und unter gelegentlichem Rühren in etwa 25 Minuten garen. Erbsen hinzufügen und weitere 5 Minuten garen. Salzen und mit Petersilie bestreuen.

Zwischendurch: Orangen-Sanddorn-Buttermilch

2 EL Sanddorn mit 150 ml Buttermilch pürieren, Saft von 1 ausgepressten Orange hinzugeben und 2 EL Instant-Haferflocken unterrühren.

Laufen

> Auch den zweiten Lauf dieses Tages können Sie packen. Denken Sie daran: Schon morgen haben Sie Ihr Ziel erreicht! Jetzt steht Intervalltraining auf dem Programm: 5 Minuten einlaufen, 30 Sekunden Steigerungslauf (bei 20 Sekunden Maximaltempo erreichen, 10 Sekunden

halten), 2 Minuten leicht traben, insgesamt 5 Intervalle, dann noch einmal 30 Sekunden Steigerung, zum Abschluss 7 Minuten traben.

Zum Abendessen: Tex-Mex-Salat

½ rote Paprika | 1 Stange Sellerie | 50 g Feldsalat | ½ Avocado | 3 EL Kidneybohnen (Dose) | 1 EL Zitronensaft | 1 TL Honig | 1 TL Olivenöl | Salz | Pfeffer

1 Paprika und Sellerie waschen, putzen, würfeln. Salat waschen und putzen. Avocado schälen, entsteinen und in dünne Spalten schneiden.

2 Gemüse und Bohnen mischen. Dressing aus Zitronensaft, Honig, Öl, Salz und Pfeffer verrühren und unter den Salat mischen.

Zehnter Tag

Kräftigung: Programm 2

Zum Frühstück: Lachstoast mit Ei

50 g Räucherlachs | einige Kapern | 1 EL gehackte Zwiebeln | 1 EL saure Sahne | 1 TL körniger Senf | Kräutersalz | Pfeffer | 1 Scheibe Vollkorntoast | 1 Salatblatt | 1 hart gekochtes Ei

Etwas Feines zur Feier des Tages: Risotto mit grünem Spargel und Krebsfleisch.

1 Den Lachs in Würfel schneiden, mit Kapern und Zwiebeln mischen.

2 Die saure Sahne mit Senf, Kräutersalz und Pfeffer verrühren. Das Toastbrot damit bestreichen, Salatblatt darauf legen und die Lachsmischung darauf verteilen.

3 Das Ei schälen, in Scheiben schneiden und auf den Lachs legen.

Zum Mittagessen: Risotto mit Spargel

250 g grüner Spargel | Salz | 1 Prise Zucker | ½ kleine Zwiebel | 2 TL Olivenöl | 90 g Rundkornreis | 2 EL Weißwein | Pfeffer | 50 g vorgegartes Krebsfleisch

1 Spargel waschen, die holzigen Enden abschneiden. 250 ml Wasser mit Salz und Zucker aufkochen. Spargel darin etwa 15 Minuten garen, herausnehmen und den Sud verwahren.

2 Spargelköpfe abschneiden und Stangen in Scheiben schneiden.

3 Zwiebel schälen und würfeln. Im heißen Öl mit den Spargelscheiben anbraten.

4 Reis hinzufügen, kurz anbraten und mit Weißwein ablöschen. Spargelsud portionsweise dazugeben, sodass der Reis immer mit Flüssigkeit bedeckt ist.

5 Krebsfleisch würfeln und unter den Reis mischen. Salzen und pfeffern. Spargelköpfe hinzugeben und erwärmen.

Laufen

> Langer, langsamer Dauerlauf mit etwa 65 % des Maximalpulses, etwa eine, je nach Vermögen bis maximal zwei Stunden.

Und nun: Glückwunsch! Sie haben das Programm geschafft – und können den Tag geruhsam ausklingen lassen!

Zum Abendessen: Safran-Reis-Suppe

250 ml Gemüsebrühe | einige Safranfäden | 20 g Naturreis | 1 kleine Zucchini | ½ rote Paprika | Salz | Pfeffer | etwas Petersilie

1 Brühe aufkochen, Safran und Reis hinzufügen, etwa 30 Minuten köcheln lassen.

2 Zucchini waschen, putzen, raspeln. Paprika waschen, putzen, würfeln. Gemüse in die Suppe geben, etwa 5 Minuten mitkochen.

3 Die Suppe würzen, Petersilie hacken und darüber streuen.

Zwischendurch:

Gönnen Sie sich als kleine Belohnung einen Müsliriegel.

TIPP: **Dauererfolg**

Sie waren erfolgreich mit dem 10-Tage-Programm und fürchten jetzt den Jo-Jo-Effekt? Dann machen Sie das Programm einfach weiter – allerdings in einer »Light-Version«. Trainieren Sie weiter, aber wieder moderater, und nutzen Sie noch lange Zeit die Erfahrungen, die Sie mit dem Essen gemacht haben.

Bücher, die weiterhelfen

Fischer, Joschka: Mein langer Lauf zu mir selbst; Droemer Knaur
Hottenrott, Kuno/Zülch, Martin: Ausdauertrainer Laufen; Rororo
Kieser, Werner: Ein starker Körper kennt keinen Schmerz; Heyne-Verlag
Montignac, Michel: Essen gehen und dabei abnehmen; dtv
Müller-Wohlfahrt, Hans W.: Mensch beweg dich! dtv
Spring, Hans u. a.: Dehn- und Kräftigungsgymnastik; Thieme-Verlag
Wessinghage, Thomas: Laufen; BLV

Bücher aus dem GRÄFE UND UNZER VERLAG

Laufen

Buchhorn, T./Winkler, N.: Das große GU Laufbuch und 300 Fragen zum Laufen.

Fitness & Figur

Bimbi-Dresp, M.: Das große Pilates-Buch. Die Original-Übungen für alle Könnensstufen
Grillparzer, M.: Mini-Trampolin. Schlank & fit im Flug
Rüdiger, M.: Bauch, Beine, Po. Bodystyling BBP: Kleiner Aufwand, große Wirkung
Schmidt, M. u.a.: Nordic Walking – Das ideale Training für den ganzen Körper und Schlank mit Nordic Walking
Tschirner, T.: Der BBP-Trainer. In sechs Wochen zur Superfigur und Fit mit dem Thera-Band

Ernährung & Abnehmen

Elmadfa, Prof. Dr. I. u. a.: Die große GU Nährwert-Kalorien-Tabelle
Grillparzer, M.: Fatburner – So einfach schmilzt das Fett weg und Die GLYX-Diät. Abnehmen mit Glücks-Gefühl und Der GLYX-Kompass
Hofmann, I.: Schlank ab 40. Das Erfolgsprogramm
Klever, U.: Klevers Kompass Kalorien & Fette

Adressen, die weiterhelfen

Deutscher Leichtathletik-Verband
Postfach 10 04 63
D-64204 Darmstadt
www.leichtathletik.de

Deutscher Turner-Bund
Otto-Fleck-Schneise 8
D-60528 Frankfurt am Main
www.dtb-online.de

Deutsche Gesellschaft für Ernährung (DGE)
Godesberger Allee 18
D-53175 Bonn, www.dge.de

Österreichischer Fachverband für Turnen
Schwarzenbergplatz 10
A-1040 Wien
www.austriangymfed.at

Österreichischer Leichtathletikverband
Prinz-Eugen-Straße 12
A-1040 Wien
www.oelv.at

Österreichische Gesellschaft für Ernährung
Zaunergasse 1–3
A-1030 Wien, www.oege.at

Schweizerischer
Leichtathletik-Verband
Postfach 606
CH-3000 Bern 22
www.swiss-athletics.ch

Schweizerischer
Turnverband
Postfach
CH-5001 Aarau
www.stv-fsg.ch

Schweizerische Gesellschaft
für Ernährung (SGE)
Postfach 8333
CH-3001 Bern
www.ernaehrung.org

Internet-Adressen

www.lauftipps.de
Attraktive Seite mit vielen Tipps rund ums Laufen

www.lauftreff.de
Aktuelles und Termine bis hin zum Marathon

www.funrunners.de
Forum für Laufen, Ernährung, Sport und Fitness

www.orientierungslauf.de
Spannende Seite über eine spannende Sportart

www.richtigfit.de
Das Fitness-Portal des Deutschen Olympischen Sportbundes

www.kieser-training.com
Gesundheitsorientiertes Krafttraining für jedermann

Die Fatburner-Rezepte von A bis Z

Zum Frühstück

Zum Mittagessen

Zwischendurch

Zum Abendessen

Sachregister

Impressum

© 2007 GRÄFE UND UNZER VERLAG GmbH, München
Erweiterte und aktualisierte Neuausgabe von »Laufen zum Abnehmen«, GRÄFE UND UNZER VERLAG 2003,
ISBN 3-7742-5779-5

Programmleitung: Ulrich Ehrlenspiel
Redaktion: Reinhard Brendli (Neuausgabe), Monika Rolle (Erstausgabe)
Lektorat: Rita Steininger, Felicitas Holdau

Fotoproduktion: Tom Roch (Fitness), Harry Bischof/Studio L'Éveque (Food)

Für kostenlose Leihgaben zum Styling einiger Fotos danken wir den Firmen
Sport Scheck, München, und www.polar-deutschland.de

Weitere Fotos: a-life: S. 67; Avenue Images: S. 22; Corbis: S. 1; Getty: Umschlagrückseite; GU-Archiv: S. 8, 32 (Leonhard Lenz), 48 (Andreas Hosch); Markus Hederer: S. 4; Jump: S. 2, 29, 38, 40, 98; Michael Leis: vordere Umschlagseite (Buch und Folder); Mauritius: S. 101; Stockfood: S. 104

Illustrationen:
Terrence Whelan

Layout: independent Medien-Design (Claudia Hautkappe)
Herstellung: Petra Roth
Satz: Felicitas Holdau
Reproduktion: Repro Ludwig, Zell am See
Druck: Firmengruppe APPL, aprinta druck, Wemding
Bindung: Firmengruppe APPL, sellier druck, Freising

ISBN 978-3-8338-0496-0

2. Auflage 2008

GRÄFE UND UNZER

Ein Unternehmen der
GANSKE VERLAGSGRUPPE

Die GU-Homepage finden Sie im Internet unter www.gu-online.de

Umwelthinweis

Dieses Buch wurde auf chlorfrei gebleichtem Papier gedruckt. Um Rohstoffe zu sparen, haben wir auf Folienverpackung verzichtet.

Wichtiger Hinweis

Alle Ratschläge und Übungen in diesem Buch wurden vom Autor sorgfältig recherchiert und in der Praxis erprobt. Sie sind für Menschen mit normaler Konstitution geeignet. Dennoch können nur Sie selbst entscheiden, ob und inwieweit Sie diese Vorschläge umsetzen können und möchten. Lassen Sie sich in allen Zweifelsfällen zuvor durch einen Arzt oder Therapeuten beraten.
Weder Autor noch Verlag können für eventuelle Nachteile oder Schäden, die aus den im Buch gegebenen praktischen Hinweisen resultieren, eine Haftung übernehmen.

Liebe Leserin und lieber Leser,

wir freuen uns, dass Sie sich für ein GU-Buch entschieden haben. Mit Ihrem Kauf setzen Sie auf die Qualität, Kompetenz und Aktualität unserer Ratgeber. Dafür sagen wir Danke! Wir wollen als führender Ratgeberverlag noch besser werden. Daher ist uns Ihre Meinung wichtig. Bitte senden Sie uns Ihre Anregungen, Ihre Kritik oder Ihr Lob zu unseren Büchern. Haben Sie Fragen, oder benötigen Sie weiteren Rat zum Thema? Wir freuen uns auf Ihre Nachricht!

GRÄFE UND UNZER VERLAG

Leserservice
Postfach 86 03 13
81630 München

Wir sind für Sie da!

Montag–Donnerstag: 8.00–18.00 Uhr
Freitag: 8.00–16.00 Uhr

Tel.: 0180-5005054*
Fax: 0180-5012054*

*(0,14 €/Min. aus dem dt. Festnetz/ Mobilfunkpreise können abweichen.)

E-Mail: leserservice@graefe-und-unzer.de

Wollen Sie noch mehr Aktuelles von GU erfahren, dann abonnieren Sie doch unseren kostenlosen GU-Online-Newsletter und/oder unsere kostenlosen Kundenmagazine.

Unsere Garantie

Alle Informationen in diesem Ratgeber sind sorgfältig und gewissenhaft geprüft. Sollte dennoch einmal ein Fehler enthalten sein, schicken Sie uns das Buch mit dem entsprechenden Hinweis an unseren Leserservice zurück. Wir tauschen Ihnen den GU-Ratgeber gegen einen anderen zum gleichen oder einem ähnlichen Thema um.

GRÄFE UND UNZER

Ein Unternehmen der
GANSKE VERLAGSGRUPPE